THE NEW YEAR CEREMONY AT BASĂK (SOUTH LAOS)

THE CORNELL UNIVERSITY SOUTHEAST ASIA PROGRAM

The Southeast Asia Program was organized at Cornell University in the Department of Far Eastern Studies in 1950. It is a teaching and research program of interdisciplinary studies in the humanities, social sciences, and some natural sciences. It deals with Southeast Asia as a region, and with the individual countries of the area: Brunei, Burma, Cambodia, Indonesia, Laos, Malaysia, the Philippines, Singapore, Thailand, and Vietnam.

The activities of the Program are carried on both at Cornell and in Southeast Asia. They include an undergraduate and graduate curriculum at Cornell which provides instruction by specialists in Southeast Asian cultural history and present-day affairs and offers intensive training in each of the major languages of the area. The Program sponsors group research projects on Thailand, on Indonesia, on the Philippines, and on the area's tribal minorities. At the same time, individual staff and students of the Program have done field research in every Southeast Asian country.

A list of publications relating to Southeast Asia which may be obtained on prepaid order directly from the Program is given at the end of this volume. Information on Program staff, fellowships, requirements for degrees, and current course offerings will be found in an *Announcement of the Department of Asian Studies*, obtainable from the Director, Southeast Asia Program, Franklin Hall, Cornell University, Ithaca, New York 14850.

THE NEW YEAR CEREMONY AT BASĂK (SOUTH LAOS)

by

Charles Archaimbault

With an Afterword

by

Prince Boun Oum

Abridged Translation

by

Simone B. Boas

Data Paper: Number 78
Southeast Asia Program
Department of Asian Studies
Cornell University, Ithaca, New York
January, 1971

Price: $4.00

© 1970 CORNELL UNIVERSITY SOUTHEAST ASIA PROGRAM

FOREWORD

This is an important paper. Not just because it tells us about unknown parts of Laos, or because it demonstrates an excellence of anthropological craft, or because the work of M. Charles Archaimbault is too little known in North America. These are sufficient reasons to read this Data Paper, but not enough to make it important.

Its importance arises first from its grappling with a scarcely noticed subject of inquiry: changes in ritual. Ceremonialists, shamen, medicine men have long steered us away from this kind of inquiry by claims of sole authentic knowledge. We could not afford to become embroiled in their rivalries, and so these changes were located either in transmission from one practitioner to the next or in some unwitting simplification or elaboration by the performer. In Southeast Asia, history shows that princes and kings introduce one rite and abandon another. M. Archaimbault, however, adds new and complex considerations. Peculiar anxieties and aspirations, particular understandings and misunderstandings of ritual effectiveness play upon performers and spectators alike to produce new meanings in old forms as well as to change forms. Rites respond to historic tradition, events of the present, and the psychic stresses of the participants. By this refreshingly new approach we are gently led away from stultifying and partisan old frays (the priority of myth and ritual, rational and neurotic significance, the place of rite in social action as function or epiphenomenon).

Equally important M. Archaimbault has restored a long unused bridge from society to the individual in this epic tale of Prince Boun Oum. Shades of Jane Harrison appear with the important difference that the author has not only read the inscriptions, observed the setting, and studied the folklore but heard the accounts of the participants and witnessed the dread moment with his own eyes. Eschewing histrionics, he speaks as a scientist placing the evidence before us to examine, calling our attention in footnotes to deeper levels of meaning. Yet at the same time he is well aware that he unveils a tragedy of Euripidean magnitude. As if it were just a periodic report, the underlying tale comes to us as a carefully described artifact ready for filing in the case of some museum, and this very method of presentation gives the work a feeling of immediacy which few works of art achieve. Here is an epic in nature.

The royal line of Champassac has continued through centuries, but despite broken succession here and there, the liaisons to the forebears remain intact. The strength of the line, however, is limited by circumstances in the past that made these rulers human rather than super-human beings. As mere men, they are in one sense fortunate to be charged with duties ordinarily reserved for persons of higher station in the hierarchy of being, yet like Sisyphus, they fail. Human concupiscence has weakened them. Charged to keep order in their city, charged as males to rule over females, they conspicuously fail in many generations. Burdened by this Karma, their competence is corroded by self-doubt. When the father of the hero, Prince Boun Oum, assumed command, he became ruler of a precarious capital. Already moved to a new site from its founding spot, the aegis of guardian spirits had been broken. The father further weakened the grip of command by confusing the rites that fortify the ruler with those that renew the city. In effect he could never rise to be more than a provincial governor, though the grandfather of Prince Boun Oum was an invested prince. With the passing of the father, the hero was unable even to gain a governorship. His commentary on the scholarly treatise, given in the Postface, is an epiphany of the tragic hero. He sees himself as the scapegoat that protects the city by taking on himself the accumulated depravity of each year. Yet unable to rid himself of his own demerit, he can never become ruler. In Southeast Asian parlance, he is only the substitute for a prince, the lowly man who walks in the dust at the Royal Plowing Ceremony, or the king-for-a-day who risks his life on a trapeze in the Royal Swinging Ceremony.

This individual has been brought by M. Archaimbault into the frame of anthropology. Prince Boun Oum is not just the impersonator of a son, an ousted ruler, or defeated politician acting out his predetermined role. Nor is he only the projector and introjector of love and hate that forms his universe. More than a type of personality formed by his society, he breathes, agonizes, and meditates.

Let us turn to examine the focus that has produced this admirable study. My American colleagues and I seem to be able to see only villages, markets, kinship systems, and the like. Why is this the case? I shall overlook the many differences in academic definition of subject matter, hence in training, between France and America, in duration of field work, and in approach to our informants. I am seeking to determine the position in which we Americans locate our cameras as we describe the social scene. We look at groups of people in action but rarely see a particular person. Blacksmiths, mothers' brothers, and weavers appear in our prints but rarely a runner overcoming his limp or a chieftain with a shrewish wife. Even our Crashing Thunders and Sons of Old Man Hat tend to become, as the sharpness of the portrait recedes into memory, just Winnebago males or Navaho boys growing up in their outfits.

In neighboring Thailand I reported no trace of sexual obsession. The nearest was one man in Bang Chan who prided himself on his unflagging virility. I knew that this man felt disgraced by the affair of his oldest daughter with some young man, whose secret trysts with her had been discovered. He was sent packing by the father who deemed him financially and occupationally unsuitable to take the hand of his daughter. Then this girl, in the eyes of her parents, became damaged goods; no longer pristine enough to lure a rich man, I inferred. The event received scant attention, and had some one asked about it, I should simply have spoken about a village headman who aspired to become a governmental official. We would discuss the case as a facet of status mobility.

Where my camera stood, it showed the mobility of social groupings in the context of economics, but what I did not pursue may well have been the unreported confirmation of M. Archaimbault's findings. Here too the daughter of a concupiscent man is disgraced when she has an affair with an unsuitable lover. While the founding woman of the Champassac line and certain of her female descendants successfully evaded their fathers, the Bang Chan girl remained a maid in the parental household. By implication, no woman lies beyond the desire of these lustful men, and no lover can be suitable for their daughters. In Southeast Asia we must not expect Oedipal men yearning for their mothers but phallic fathers who covet their daughters.

Note that M. Archaimbault set his camera to show the number of tapers, cigarettes, and balls of glutinous rice in each offering for each deity. Then the color of the costume, the position of the person in the room, the movements of the principals, the time of day, all and much more has been entered in his notebooks. The mediums, monks and ceremonial leaders have been interviewed, their dog-eared notebooks read and translated. The rites performed in one setting are compared with equivalent rites in another. Generalization is tightly constricted.

I would like to suggest that the underlying differences in pertinence that have brought about these differing pictures arise from "culture" as juxtaposed to "collective representations." Both terms refer to the underpinnings of society that lie in tradition, but beyond this common meaning they have developed in two directions. *Culture*, as we use it, is an attribute of a social group, of a people, or some collectivity, always with a singular reference. As such it is as omnipresent as the coal of Newcastle or the rubber of Akron. Its dust and grime is found in churches and shops, while the finer particles penetrate the air conditioning apparatus of corporate executives as well as the kitchens of workers. In case of some disjunction in the fabric of the culture, e.g., the deaths due to silicosis being higher for men and factory workers than for women and office clerks, these gaps are cloaked by reference to cultural divisions of labor or ranking systems. If these varying death rates affect the living of these subgroups in particular ways, these gaps in *culture* are cloaked by generalized reference that renders the whole more unitary and omnipresent. So the field worker need not observe particularly acutely, for enough is present before his eyes to overflow his days in the field. For him the problem appears when he must relate these disparate but obvious facts, and his artistry lies in generalization that includes the sacred altars as well as the market place, the arrival of the newborn child as well as the organization of the village council. Thus *culture* has brought into existence the Plains Indian, the Trobriand Islander, the Renaissance and the Protestant Ethic.

Always found in plural form and referring to plural human beings, *collective representations* had led elsewhere. As ideas they have bound people together, but groups sharing a common reference for the dollar can as easily be stirred to fraternal competition. Some representations are coextensive with groups of people, but the fish symbol activated both Christians and Pagans. Tradition then becomes one of many factors influencing social life. Collective representations, ever multiple, rarely confined to a single group, and then not even omnipresent, appear and disappear like the strains of Christmas carols.

The field worker carrying out the imperatives of *collective representations* must find the richest source of a particular treasure, and rituals offer marvelous access. Yet among the many versions of a single rite he must decide which is the fullest and most perfect among many fractured specimens. Each example must be described in its setting, adding what can be said about its peculiarities, provenance, and season of appearance. Chronicles, inscriptions, museum specimens, folklore, and personal documents furnish the clues.

Collective representations do not chart the budding, flowering, or wilting of a people, but instead become a series of essences in their own right rather than attributes of social groups. These essences may decisively influence the actions of selected people, as excessive concupiscence affected the rulers but not the common people of Champassac. This theme influenced the New Year rites of Champassac but not of Luang Prabang. In this view we face the discontinuities and unpredictable changes of a chaotic world, which seems to be ruled more by historic events than cultural trends.

Returning to the New Year rites, we are bolstered in our inquiry by the strengths of both *culture* and *collective representations*. Each limits and extends our eyes to affairs of new significance. Historic unpredictability is limited by the dependable season, which rests on dependable understandings of the world and cosmos, when people drive away the accumulated contamination, renew themselves, and set off for an abundant year. Yet when our sense of the significant stops at this point, M. Archaimbault shows we have abandoned enormous riches. We should miss the movement of the hero when he arose bearing in his hand the unhealthful debris of the city and deposited it as a little ball of glutinous rice on the float to be carried away on the river. Only through studies like the present one can we know that the hero knows the incompleteness of the cleansing, that this is his punishment for the sins of his line, his Karma to expiate through suffering.

                                        L. M. Hanks
                                        Senior Research Associate
                                        Cornell University

Bennington, Vermont
April 1970

TABLE OF CONTENTS

    Page

THE NEW YEAR CEREMONY AT BASĂK (SOUTH LAOS)

    Abridged Translation by Simone Boas   1

    Notes to the Abridged English Translation 23

    Afterword by Prince Boun Oum 45

ILLUSTRATIONS 51

LA CÉRÉMONIE DU NOUVEL AN À BASĂK (SUD LAOS) 63

    Notes 91

    Postface par le prince Bŭn Um 133

LIST OF ILLUSTRATIONS

		Page
Figure 1.	Routes of the New Year's Processions in Luong P'răbang and Basăk	51
Figure 2.	The Plan of "The Sixteen Capitals"	52
Plate 1.	The prince takes his place by the master of rites in the Shrine of Preparation	54
Plate 2.	Salutation and offerings to the sacred reliquary	55
Plate 3.	Monks sprinkle the prince in front of the Hò S'ăi	56
Plate 4.	The *bŏk* ceremony in the Hò S'ăi	57
Plate 5.	The prince rubs his chest with a ball of rice	58
Plate 6.	The *ba si* ceremony at the Shrine of Preparation	59
Plate 7.	Before the washing of the gem-stone Buddha image, Čăo Silomé recites the "invitation"	60
Plate 8.	The officiants of the P'ă Pĭn shrines offer their good wishes to the prince	61
Plate 9.	The prince is sprinkled by the populace	62

1.

The New Year ceremonies in Laos, performed on the day in April or May when the number of the year in the Era is advanced by one,[1] is intended to re-create the land and regenerate time. It is bound up with a purification ritual. Being associated with different myths and legends according to the locality, the ceremony varies to some extent from one part of the kingdom to another.

At Luong P'răbang, where it revolves around the cult of Grandfather and Grandmother Ñŏ who created the world and expelled the yakṣas, masked dancers representing the ancestor spirit, re-create the world and re-expel the monsters of the age of chaos who intrude into the holy places.[2]

At S'ieng Khwang (Xieng Khouang) it is not connected with any myth of origin,[3] but is based on two historical events. The first of these occurred in the 14th or 15th century, when according to the annals, Ačan T'ămmăk'atha (Ācāriya Dhammagāthā) established the boundaries of the city, freed the countryside of destructive wild elephants, and exorcised the powers of evil. The second occurred in 1825, when the holy hermit Čăo K'ăm Kŏt refused to accept the throne.[4] The ceremony includes a ritual lustration of two elephant statues which commemorate the Ačan's victory,[5] and the offering of candles before the caves in which Čăo K'ăm Kŏt lived.[6] The evil spirits that wander in the hills and the forest at this season are kept out of the city by building thousands of little stupas of sand as a magical protection,[7] and by adding steel knives to the ritual offerings presented to the monks.[8]

At Basăk, which was formerly the capital of the kingdom of Čămpasăk, some important features of the ceremony which we are about to describe can be explained only in the context of local legend and history.[9]

2.

In the 17th century, according to the annals, Čămpasăk was ruled by a queen, Nang P'ăo, who, before her accession, had borne a child by her lover, and so brought a lasting curse upon the country.[10] Towards the end of her life, when the country was torn by internal conflicts, she turned the reins of government over to the head of the Buddhist monkhood, P'ră K'ru P'onsămĕk. But the rules of monastic discipline prevented him from acting with enough severity to restore order, so he offered the throne to a prince who was descended from the kings of Vientiane. This prince received the investiture as king of Čămpasăk in 1713, assuming the regnal name S'òi Si Sămŭt. The dynasty he established ruled as independent monarchs until 1779, and then as vassals of the King of Siam. The last king was Sòi Si Sămŭt's great-great-grandson, Čăo K'ăm Sŭk, who acceded to the throne in 1863. In 1893 the portion of Čămpasăk on the left bank of the Mêkhong was absorbed by the French, and in 1904 the portion on the right bank suffered the same fate. K'ăm Sŭk's son, Čăo Ras'ădănăi (Rājatanaya), though retaining the title of Prince of Basăk, was treated by the French as little more than a minor official in the administration. In 1946 the country became part of the kingdom of Laos. The former ruling house, while its political power has not been restored, still possesses great prestige in the south. The present prince is Čăo Bŭn Um, Čăo Ras'ădănăi's son.

In the New Year ceremony, the chief emphasis is on a purification ritual presided over by Čăo Bŭn Um. It is designed to regenerate the strength of the Mŭang--that is, the city of Basăk and by extension the whole principality--by ridding it of defilement and of the troubles set in motion by Nang P'ăo's misconduct.

The New Year period includes:

(1) the *sphutamahāsaṅkranti* day, when the real sun crosses over to the vernal equinox; called in Lao *săngkhan păi*, "(the day when) the year goes away";

(2) an interval of one or two days, depending on the year of the Era; called in Lao *mŭ năo*, "day (or days) in between";

(3) the *madhyamamahāsaṅkrānti* day, when the mean or theoretical sun crosses over to the vernal equinox; called in Lao *săngkhan khŭn*, "(the day when) the (new) year begins."

For the peasants of Čămpasăk, who know nothing of astronomy, the New Year's festival celebrates the journey of the Sun, son of Nang Suvaṇṇā. One day, according to a legend recorded in the text called *Săngkhan*, an old beggar woman named Suvaṇṇā, having gone down to the river to bathe, saw a monk who hesitated to perform his ablutions because he had no bathing-cloth to cover his nakedness; so she gave him her only piece of cloth; and when he finished bathing she presented him the food she had received as alms. As a result of the merit she thus earned, she was reborn as a beautiful young girl. She had eighty husbands, and bore eight children. The eldest of them, who had a luminous

body, was named the Sun. The others were named the Moon, the
planets, and Rahu. The Sun became king; his sister the Moon
became queen; Rahu stayed with his brother as preceptor; the
others looked after the palace and the ministries. In the 5th
or 6th month, the legend continues, rain falls and wets the
trees; the year comes to an end; and the Sun says good-bye to
his queen, who gives him a magical protective device called a
"soul-tray."[11] Then he goes forth from his palace, riding in a
jeweled chariot--a mode of travel which is said to bring peace
and happiness to the people. The day he leaves is called
săngkhan păi; the day he returns, *săngkhan khŭn*; but before
returning he stops to rest for one or two days, namely the
intervening period called *mü năo*.[12]

3.

On the morning of *săngkhan păi* day, the people of Basăk
bathe at home or in the river.[13] Houses are swept out and
clothes washed, to rid them of the contagions accumulated during
the year.[14] In all the monasteries images of the Buddha and
his disciples are set out in the preaching halls, or placed in
the courtyard on tables decorated with greenery.

At three o'clock the officials and the people gather outside the Hǒ S'ăi or "Pavilion of Victory." This building, which
appears in one of the plates of Francis Garnier's *Atlas du
voyage d'exploration en Indo-chine* (Paris, 1873), is opposite
the site of the palace built by Prince Bŭn Um's grandfather
Čăo K'ăm Sŭk. Located at an equal distance from the northern
and southern limits of the city, it is regarded as the "navel"
of the *Müang*. That is why, whenever there was an epidemic,
Čăo K'ăm Sŭk used to invite a chapter of monks to come to this
place and recite prayers for three days to purify the land.[15]

For the same reason the lustration-ritual procession
assembles here on *săngkhan păi* day. The procession is preceded
by four drum-players; then comes the Ačan Ku Nu of Wăt T'at,
carrying a tray containing candles, incense sticks and frangipani flowers; then Čăo Bŭn Um, dressed in a ceremonial white
jacket and blue silk *sămpŏt*, accompanied by the members of his
family; then the officials and the people.

The procession moves straight to Wăt Lăk'ŏn, a kilometer
to the south. The religious center of the Müang is Wăt T'at,
which contains the reliquary monument of the P'ră K'ru who set
the founder of the dynasty, S'ŏi Si Sămŭt, on the throne.[16]
Wăt T'at, however, which marks the site of S'ŏi Si Sămŭt's city,
stands at the south gate of the present city, some four kilometers

from the Hỏ S'ăi. The ceremonies of the *săngkhan păi* day are supposed to regenerate the center of the city, so Wăt Lăk'ồn, though it has no special importance for the princely house, is chosen as the southern limit simply because it is located the same distance from the Hỏ S'ăi as Wăt Mŭang Sèn which marks the northern limit. As if space were magically contracted, Wăt Lăk'ồn is thus substituted for Wăt T'at as the southern boundary, and the magic of the transfer is helped by putting the Ačan of Wăt T'at at the head of the procession.

The Prince enters the monastery precinct,[17] takes the tray from Ačan Ku Nu's hands, and sticks two lighted candles on it. A table covered with Buddha images stands in the courtyard. Crouching in front of it, the Prince raises the tray before his forehead, silently praying for the safety of the principality. He puts down the tray and takes up a silver ewer filled with perfumed water, with which he sprinkles first the images on the table and then the large Buddha images of gilded wood at the entrance of the monastery. His relatives next take turns in sprinkling the images with water from the ewer, which is constantly refilled. They are followed by the "notables" (officials and leading citizens) and the general public, using water perfumed with *acacia concinna* in plain jars which they have brought from home, and dipping frangipani flowers into it to serve as sprinklers. In the orthodox view the lustration of the images is intended to earn merit and regenerate the spiritual strength of the Mŭang; but its purpose in the minds of the peasants is to call down plenty of rain before work in the fields begins.

The procession reassembles and moves a few hundred meters north to Wăt Amat, where the lustrations are repeated.

At Wăt T'ồng, the royal monastery built by Čăo K'ăm Sŭk behind his palace, the Prince is received by the Lord Abbot. This monastery has a special significance for the princely house, because the reliquaries of Čăo Bŭn Um's grandfather and father are located in its precinct. The Prince takes the tray from the leader of the procession and crouches at the foot of the stairs, while the Lord Abbot, accompanied by two monks, climbs to the highest step and recites the *Jayanto*. When the recitation is finished, the Prince prostrates himself with the tray in his hands. Then he goes to the bronze statues of the Buddha at the entrance, lifts the tray, prays silently for the protection of the territory, and sprinkles the statues with water from the ewer. He performs the same rites before the tiny glass Buddha images on the table in the courtyard. His relatives then sprinkle the images, followed by the public.

The procession now heads toward Wăt Mŭang Sèn, which marks the northern boundary of the present city, and which houses the precious bronze statue of the Buddha cast in 1738 by S'ði Si Sămŭt's sons. Here the lustrations are performed once more.

The Prince then returns to his residence, getting drenched with water on the way by crowds of young girls who line the road. According to popular belief the more he is soaked the more abundant the rains will be and the fertility of the land will increase.

In his father's time the fertility ritual was held on a *mü năo* day, in the morning, and women played an even larger part in it. All over the city there were tugs of war between girls and boys, and the girls always had to win. This temporary overturning of the normal order of society was intended to produce abundant rainfall, and also to initiate the re-creation of the Müang. It could hardly help recalling to people's minds the ultimate cause of the defilement which it was designed to remove, namely the misconduct of a daughter of the gods which the cosmogony of the south associates with the mythical founding of the kingdom, and the identical misconduct of Nang P'ăo. That is probably why the contests came to an end before the rite of expelling evil influences began.[18]

In front of Čăo Bŭn Um's residence, which was built by his father Čăo Ras'ădănăi, the crowd scatters.[19] Everyone goes home to sprinkle the Buddha images in his own part of the town.

On a table set up under the veranda of the Prince's residence the personal Buddha images of the ruling house are lined up, with the exception of the "Gem-stone Image," the palladium of the principality,[20] which is not shown until the *săngkhan khŭn* day. The Prince and his family sprinkle the statues, accompanied by the music of his orchestra who are seated around the table. During the lustration the Prince's sisters respectfully ask his permission to sprinkle him too.

That evening in all the houses the women are busy cooking food for the next day, because no housework can be done during the *mü năo* period without running the risk of illness or insolvency during the ensuing year.[21]

4.

The next day is devoted to the *bök*, the ceremonial expulsion of evil influences from the Müang.[22] While the first day's operations were designed to purify only the central portion of the city, the *bök* is designed to purify the whole locality. It is therefore performed at various points along the axis running from P'ă Pĭn at the north (or northeast)[23] to Wăt T'at at the south.

In the morning at nine o'clock all the people gather at the Hǒ S'ǎi to escort the prince to P'ǎ Pǐn, some four kilometers away. As this village contains the shrines of the great protective spirits of the principality, it is the non-Buddhist religious center of Basǎk. The reason it was chosen for this purpose, in spite of its distance from the geographical center of the town, is said to have been as follows. In 1874 Čǎo K'ǎm Sǔk decided to move his capital, which was located at Himlòt, six kilometers upstream, to a site farther south so as to be nearer the holy places established by S'òi Si Sǎmǔt. In order to include P'ǎ Pǐn, where the villagers had made a miraculous catch of fish, and also the revered sanctuary of Wǎt T'at, the geomancers laid out the new city in the form of a rectangle about seven kilometers long. Then they divided it into sixteen equal parts, each named after one of the famous cities of Buddhist India, in accordance with the plan known as "the sixteen capitals."[24] They advised Čǎo K'ǎm Sǔk to build his palace on the dividing line between "Sawǎthī" (Sāvatthi) and "Wesalī" (Vesāli), and to choose the village of P'ǎ Pǐn, corresponding to "P'aranǎsi" (Bāraṇasi), as the site for the shrine of the *phi mǎhêsǎk* or most powerful spirits. (*Phi* means a spirit in Lao and Siamese; *mǎhêsǎk* is the Pali word *mahesakkha*, "possessing great power or authority.") In Laos a *phi mǎhêsǎk* is generally the spirit of an official who administered a given locality during his lifetime and then, because of his heroism or his tragic death, became its guardian spirit. In Basǎk, however, the *phi mǎhêsǎk* are the Thên, the great gods who, after founding the kingdom and choosing a noble family to rule it, were commanded by the King of the Gods to stay there permanently and protect it.[25] The Thên have two shrines at P'ǎ Pǐn. One, called the Golden Shrine, is considered to be their permanent residence, and no one is allowed to enter it unless he is connected with their cult. The other, called the Shrine of Preparation, is their dining-hall; it is the place where they condescend to communicate with human beings through the mediums; and it is open to the public whenever a big ceremony is held there.

The procession heads toward these shrines. First come four drummers; then the lictors carrying swords, rods and spears; then the P'ǎ Pǐn village chief carrying a tray of offerings; then Prince Bǔn Um, riding an elephant and sheltered by a large red parasol which was among the insignia of office presented to his grandfather Čǎo K'ǎm Sǔk by the King of Siam; then the members of the Prince's family, also on elephants; finally the "notables" and the ordinary people on foot.

As soon as the Prince dismounts, he is helped up the stairs of the Shrine of Preparation by Nai Dêng, the *čǎm* or master of rites.[26] The Prince turns to the village chief, asks him for the offering-tray, and gives it to Nai Dêng (Plate 1). After prostrating himself three times, he sits down facing the altar of the Thên. Nai Dêng sticks two lighted candles on the tray and murmurs: "We, your servants, whose duty is to prepare the candles and light them,[27] have come to notify your Lordships that the Prince and his relatives are here to offer you their homage on the occasion of the New Year. Please watch over them. Tomorrow the rite of 'welcoming the souls' will be performed. Today the procession is going to Wăt T'at. Please watch over the procession and make sure that all the people of the Müang remain in good health!" He offers a libation to the Thên by pouring liquor through a hole in the floor under the altar. Taking some candles and flowers from the tray, he hands them to two assistants who have the duty of performing the same rite of notification in the Golden Shrine and in a house, belonging to a *mê lăm* or female medium, which is the abode of P'ǎ Inta, a Thên of inferior rank who acts as secretary to the chief Thên of P'ǎ Pĭn.[28] Nai Dêng then takes the rest of the candles and flowers from the tray and places them on the altar of the Thên. A servant refills the tray with candles and flowers and gives it back to the village chief of P'ǎ Pĭn. The Prince leaves the shrine and remounts his elephant. The procession starts back and goes on to Wăt T'at.

Here the Prince dismounts and enters the precinct of the dilapidated monastery. In the courtyard the members of the Prince's family gather at the foot of the *t'at* or reliquary monument of S'òi Si Sămŭt (Plate 2). The Prince, taking a few candles from the tray and sticking them on the base of the *t'at*, faces in the direction of P'ǎ Pĭn as if to establish a magical connection between the reliquary and the shrines of the Thên. An Ačan of Wăt T'at, crouching beside him, reads the text of the "salute and offering to the sacred reliquary," speaking slowly, spacing each syllable, so that the Prince and his family can repeat the prayer in unison: "To the Blessed One and the saints who have perfect knowledge, to the Dhamma preached by the Blessed One, and to the Blessed One's disciples who have led blameless lives, we come to make offerings in token of our homage. May the Blessed One, who has attained Nirvāna, accept the presents of all these poor people, and may He grant help to all the faithful who are gathered here!" A servant hands the Prince a ewer of water, with which he sprinkles the base of the *t'at*.

The procession then moves on to Wăt T'òng in the center of the city. In the courtyard of this monastery the prince lights candles on his grandfather's and his father's reliquaries, and, after meditating for a few moments, sprinkles the reliquaries and returns to his place in the procession.

When the procession reaches the Hò S'ăi, the Prince stops at the foot of the steps, dismounts from his elephant and crouches down between two tables which are crowned with hoops of greenery. Four monks from Wăt T'òng are standing there, with two almsbowls full of perfumed water at their feet. Dipping branches of *cassia fistula* and *morinda citrifolia* into the bowls, they sprinkle the prince with water, at the same time reciting the *Jayanto* (Plate 3). Together with the Ačan who will next day perform the lustration of the Buddha image which is the palladium of the principality, the Prince and the monks enter the H'ŏ S'ăi. When they are inside, the monks take their seats on mats at the right, facing the Prince who sits with clasped hands at the left, looking westward so that all the defilements he has taken upon himself in moving through the city will disappear at sunset (Plate 4). The Ačan remains at the entrance. In front of the monks the servants set dishes of small offerings, and near the Prince they place two leaf-covered miniature rafts made of banana-tree trunks, with a lacquered basket filled with water between them. The rafts, called kăt'ŏng bŏk, are to be used in the ceremony of expelling evil influences. Each raft contains plates of colored rice (black, yellow and red), salt food, and sweets, to attract various kinds of spirits. In addition it contains an old basket of sticky rice in which two tiny wooden figurines are hidden, one of which, dressed in a sămpŏt, represents the Prince and the male population of the Müang, while the other, dressed in a skirt, represents the Princess and the female population. These figures, to be offered as substitutes to any evil spirit who might wish to enslave a man or a woman of Basăk, are intended to distract the spirit's attention by making him think he has got what he wanted.

The Prince, after sticking a lighted candle on each raft, prostrates himself three times before the monks. They recite *Namo, Pahuṃ, Kāruṇiko, Bhavantusāra*, then the *Parimāta* and the *Parimāṇa*. After the prayers the Ačan withdraws. The Prince takes a small ball of sticky rice which is given him by a servant, and rubs his body with it, murmuring: "Go away now, all of you! Eat these farewell foods (*k'üang sŏng k'ien*) which I offer you! May the country prosper!" (Plate 5). He throws the ball of rice into one of the rafts, and another one into the second raft. A servant sets the first raft afloat on a nearby watercourse, and takes the second one away to the outskirts of the village. The parts of the floor of the pavilion where the rafts stood is then washed with water from the lacquered basket.

Such is the final phase of the expulsion ritual. It brings to mind the power of the mediums, whether using the *bŏk* to drive out evil influences, or performing the *sŏng k'ien* to invite the spirits to withdraw.[29] At the same time it underscores the weakness of the exorciser, who, like anyone else in times of danger, has to resort to the *sia k'ŏ*.[30]

5.

The following day (or, in certain years, the second day following) is that of *săngkhan khŭn*, the day the New Year begins.

At seven o'clock in the morning the monks from Wăt T'ǒng assemble at the Hǒ S'ǎi, where the Prince and the people present them with balls of rice and fruits. At P'ǎ Pǐn, the master of rites, Nai Dêng, goes into the Shrine of Preparation. He lights two candles on the altar of the Thên, and two more on another altar. The second altar is dedicated to his deceased predecessors in the office of *căm* or master of rites,[31] who, in return for suitable gifts, passed on the techniques of the cult from generation to generation, teaching their apprentices to memorize the sacred formulas and rites precisely. Nai Dêng, after prostrating himself and requesting permission from the Thên and the former masters, removes all the offerings, dusts off the altars, sweeps out the shrine, and sprinkles it with perfumed water.[32] His assistants, meanwhile, carry out the same tasks in the Golden Shrine and at the home of the *mê lăm* who is P'ǎ Inta's medium.

At eight o'clock the shrine servants prepare magical "interdiction devices" of bamboo, called *tăléo*,[33] which are intended to keep intruders away. At the same time the *nang têng* or women assistants arrange a silver tray full of presents to be given to the spirits by the male medium or *mǒ t'iem*, the "expert who is yoked (to the Thên)."[34] They also prepare trays of food.[35]

Before taking their meal in public in the Shrine of Preparation, the Thên breakfast privately in the Golden Shrine, so one of Nai Dêng's assistants sets out three trays of food for them there.[36] He sticks a lighted candle on each tray to consecrate the food to them, prostrates himself three times, and murmurs: "Greetings! It is I, your servant, whose duty is to prepare and light the candles. As the New Year begins today, the Prince will perform the rites according to the annual custom." Then he takes four bowls of sweets to the gate of the shrine, puts them on the cross-bar of the hitching-post to which the Thên are believed to tie up their elephants or horses,[37] and lights two candles on the uprights. Fifteen minutes later, as gods take no longer than men to eat breakfast, he puts out the candles and takes the tray away. He ties two "interdiction devices" on the hitching-post, and two more on the shrine door together with some leaves of *morinda citrifolia*.[38] Meanwhile another assistant goes to the *mê lăm*'s house, where he offers P'ǎ Inta a tray of food and renews the interdiction devices on his altar.

In the Shrine of Preparation Nai Dêng puts the silver tray of gratuities under the Thên's altar, together with a tray of candles wrapped in gold and silver paper. After lining up the remaining trays prepared by the *nang têng*, he changes the interdiction devices on the altars of the Thên and the deceased masters of rites.[39]

At about nine o'clock the *mǒ t'iem* or male medium enters the Shrine of Preparation, followed by the princely family and the villagers. He takes his place beside the silver tray of gratuities and becomes "possessed" by Čǎo T'ên K'ǎm, the highest in rank among the Thên of Basǎk.[40] Nai Dêng sprinkles him with perfumed water and offers him the trays of food with their lighted candles. After sniffing the food, the medium, on behalf of the spirit who possesses him, answers questions put to him by the princely family and the villagers.[41] At ten o'clock Nai Dêng puts a seven-tiered "soul-tray" or *ba si* in front of him. It consists of a large pedestal-tray containing a stack of six pedestal-bowls on top of one another, held together with bamboo supports, encircled with the unspun cotton thread which serves to exclude evil influences, surrounded by bowls of sugared rice and cornucopias made of banana leaves, and decorated with hibiscus and frangipani flowers; the uppermost pedestal-bowl contains rice, fruits, leaves, and skeins of unspun cotton thread; on top are two eggs and two lighted candles. The medium, his back to the altar, touches the *ba si* with his right hand (Plate 6). An Ačan, functioning as a *mǒ p'ǒn* or "expert in wishes," prostrates himself before the *ba si*, facing the medium, and recites the *ba si* formula:[42] "Today is an auspicious day, placed under the sign of strength, glory, prosperity and good fortune, a perfect and favorable day placed under the sign of victory and happiness. May you be strong and victorious over invading enemies! May you drive away bad omens and evil! May you be a monarch of powerful speech! May you get a *mün* [twelve kilograms] of gold and ten thousand slaves every day! Now I shall invite the good monarchs to come and help you drive away all misfortunes so that they will disappear before you. I shall invite them to come and help you to obtain good fortune, so that you will be stronger than anyone else in the Müang.[43] Now I shall invite Thǎo Bǔn Rüang, who rules over the kingdom of Sisǎket beyond the borders of the great kingdom of Čǎmpasǎk, to come and help us lift as high as our necks the 'soul-tray' for the ancestral spirits; I shall ask him to help us lift it as high as our heads. The senior officials say that today is an auspicious day on which black elephants turn into white elephants and paddy turns into white rice. Today is the day the gentle lady Sida marries the good, beautiful and beloved K'at't'ǎnǎm,[44] the golden peacock leans over the edge of the cliff, and flowers begin to open their folded petals. . . . The clamor of the crowd who have come to lift the 'soul-tray' rises to the sky. May you be strong! May you triumph over all enemies!"

He pulls some cotton thread from the skein at the top of the *ba si*, brushes the medium's wrists with it to dispel misfortune, then ties it around first one wrist and then the other to keep the medium's "souls" from leaving his body (according to popular belief everyone has a number of "souls" or *khwăn*, not just one).[45] The same rite of "tying the wrists" (*phuk khên*) is performed on the masters of rites, the Ačan and the Prince by the medium, and on everyone else by the assistants. The medium throws three pinches of rice on the tray of gratuities to signify that he is inviting T'ên K'ăm to leave. The ceremony is over. The cult staff, the princely family and the notables eat the food left by the spirits. Then they go home to perform the family *ba si* ritual.[46]

* * *

At half-past eleven all the notables of the village gather in the state apartment of the Prince's residence, while the women go into a back parlor to offer their good wishes to the ladies of the household. Servants set out four "soul-trays" or *ba si* of seven tiers. The Prince sits in the middle, near one of them. Facing him is the Ačan who is to recite Buddhist prayers in the afternoon in front of the palladium of the principality. He is now functioning as a *mǒ p'ǒn* or "expert in wishes." Beside him is a tray of presents containing a banana, a skein of cotton, a bottle of perfume, and some candles, an offering from the members of the Prince's family. The Ačan, lighting two candles on one of the "soul-trays" and the tray of presents, lifts them to the height of his forehead.

In a quavering voice he chants a formula beginning with good wishes to "all nāgas, garuḍas, men, gandharvas, yakṣas, and protective spirits, as well as Indra and the king of the underworld"; declaring the day to be unusually auspicious, and adding: "May Your Highness thrust aside cupidity, anger and error! May Māra's armies and the five hundred sins draw away from you! May you live long! May you have a fresh and brilliant complexion! May you have an immeasurable store of merits! May fortune favor you! May your wife be a faultless and devoted queen! May you be happy! May you possess elephants and horses (in abundance)! May the Kha and Khmer tribes who live (near) lakes and mountains bring you heaps of red gold and countless elephant-tusks as tribute! May the renown of your honors fill the world! May the hundred thousand *devatā* dwelling on the Mountain of the Universe come to escort and protect you! May your stature be great! May your fame spread throughout Jambudvīpa! May your enemies leap (with fear) and run away! May you know the magical sciences! May the eighty-four thousand kings pay you tribute! May you be a king of kings, with a palace of gems which will last as long as you live! May you receive heaps of jewels and splendid striped cloth as tribute from many races, Chinese, Cham, Ñuon, Burmese, Hò, Vietnamese and Mòn! May you receive homage from the Hò, and from the T'ăi of Chieng Sèn, Luong P'răbang and Lămp'un! May you be free of misfortune and disease! May you live to the age of 108! May your sons and daughters, your queen and your concubines, all live to the age of 108!"

Having finished his chanting, the Ačan places the banana from the tray of presents in the Prince's right hand, then performs the wrist-tying rite on the Prince and his children, after which the others in the room approach the Prince on their knees and perform the same rite. One of the "soul-trays" is carried into an inner room, where the Prince's paternal aunt carries out the wrist-tying rite on the ladies of the family, at the same time wishing them happiness and prosperity. Meanwhile the two other "soul-trays" are carried out to the homes of the Prince's brothers, Čăo Bŭn Om and Čăo Silomé, where the same Ačan repeats his chant and performs the wrist-tying rite.

When the *ba si* ceremony is over, the village notables meet at Čăo Bŭn Um's house and then, led by the Prince carrying a ewer of water, they track down the young girls of the locality. Going into all the houses from north to south, they forcibly sprinkle the girls with water or rub them with soot (a prophylactic rite); on this day the girls cannot count on protection from their fathers. While on the *săngkhan păi* day the women contributed to the re-creation of the *Müang* by sprinkling the Prince and his followers, on *săngkhan khŭn* day a new order is established which restores the power of the men.[47]

* * *

At four in the afternoon Čăo Silomé goes up into the state apartment of Prince Bŭn Um's residence, taking a tray covered with white cloth on which there is a bowl of perfumed water, together with two candles and some flowers. He puts the tray down in front of the reliquary which contains the palladium of the principality, the gem-stone Buddha image.[48] Nearby are set a ewer, an ablution bowl and a *khăn ha*.[49] Throwing a scarf over his left shoulder, he lights two candles on the *khăn ha*, prostrates himself three times, raises the bowl above his head, and recites the *āradhanā* in Pali (Plate 7). He takes the image out of its shrine, washes it with perfumed water, and lays it down with care on the cloth-covered tray. He carries the tray into the reception room and places it on a pedestal next to the Buddha images that were lustrated two days earlier.

The officiants of the P'ă Pĭn shrines now arrive to offer their good wishes to Prince Bŭn Um, and prostrate themselves before him (Plate 8). The medium lights a candle on an offering-bowl which he has brought with him, presents it to the Prince, and murmurs: "We have all come to offer you our good wishes. May Your Highness prosper!" The Prince takes the bowl and replies: "May you prosper forever! Carry out your duties conscientiously so that the people may live in happiness and peace." The Ačan who chanted good wishes in the morning now prostrates himself before the gem-stone image, holding a tray full of candles in his hands. Lighting two of the candles, he raises the tray above his head and recites the *Savakkhāto*, *Ittipiso*, *Namo* and *Ukasāvantā*, while everyone else repeats these prayers by heart.

When the recitation is over, the Ačan prays the gem-stone image to protect the Prince, his family, and all the people of Čămpasăk throughout the New Year. The Prince's aunt ties cotton threads around the statue, and the medium of the P'ă Pĭn shrines sprinkles it with water drawn from the landing-stage of the Hò S'ăi.[50] Everyone present then sprinkles it with perfumed water; and the villagers, who up to now have remained at the entrance, come in and do the same.

The Prince goes downstairs and takes his seat under the veranda, where everyone who has sprinkled the statue now sprinkles him in order to assure an abundant rainfall (Plate 9).[51] Then the Prince puts on new clothes and goes down to the river, where he liberates a quantity of live fish brought to him in a basket by a servant. He also liberates doves at Wăt T'òng, so as to earn merit which will help him to get free if he ever happens to fall into a trap.[52]

These rites conclude the New Year's ceremony.

6.

At Luong P'răbang, before the beginning of the rainy season with its attendant epidemics, the world is re-created and the ogres re-expelled by Grandfather and Grandmother Ñö. These ancestor spirits are Thên who function as exorcists. Impersonated by masked dancers, they dance in the monasteries in order to protect them, for they have long been staunch upholders of Buddhism. According to the scholarly tradition, which emphasizes their role as supporters of the ruling dynasty, they were sent into the world by the King of the Thên to watch over Müang Thên, the city from which the dynasty sprang, and to protect it against ogres and evil spirits. The legend associated with their cult goes further, regarding them not only as protectors

of the country but actually as the creators of the world. The
whole expulsion ritual is entrusted to them at periods of transition when the world is in the process of being re-created and
therefore haunted by monsters from the age of chaos. Being protected by the ancestor spirits against all evil influences, the
King of Luong P'răbang is able to preserve his own purity as a
descendant of the King of the Thên and to support the Buddhist
religion in the proper way.

The princes of S'ieng Khwang, being sprung from the same
divine stock, are no less mindful of their purity. But as they
have no access to the sacred masks they rely on some relative,
either a monk or an ačan, who is skilled in exorcism, to lustrate
their Buddha images and personal amulets,[53] or to perform the
private ritual called "the offering to the protective animal of
the year," which is designed to free them from ill fortune and
to make sure that after they die they will be reborn among the
gods.[54]

At Basăk the lustrations are intended to put the city back
again under the influence of the saintly P'ră K'ru P'onsămĕk to
whom Nang P'ăo turned over the government in the hope of stopping the prevailing disorders. But in South Laos the New Year
ceremony, like all other renewal rituals, inevitably calls to
mind the cause of the disorders, Nang P'ăo's earlier misconduct,
which was itself a projection, on the historical level, of the
offense committed by a daughter of the gods. True, the offense
and its punishment are more specifically connected with the
dance of the aborigines and the buffalo sacrifice which are
held during the October-November ceremonies;[55] but at Wăt P'u,
in the southern part of the principality, the buffalo-sacrifice
is held immediately after the New Year ceremonies and makes it
possible to predict the monsoon rains before work begins in the
fields.[56] As Nang P'ăo is on everyone's mind, her offense
affects the setting of the New Year ceremony. The Prince has
to cleanse a defiled area with the help of monks who act as
exorcists; but apart from the members of the princely house,
the shrine staff and the monks themselves, nearly everyone feels
the rites performed by the monks on this occasion are of secondary importance.

In the eyes of the people it is the Prince himself who
drives out the evil spirits and diseases that threaten the
locality. The active value of the *bŏk* is ascribed to him not
only because, as the representative of the ruling house, he is
believed to possess a great store of merit, but also because
his talismans are thought to make him invulnerable. When he
emerges from the shrine of the Thên he takes his place at the
head of the procession as a potential ancestor spirit. By turning himself into an exorcist, or rather by letting himself be
turned into one, he seems to be returning to the magical origins

of the royal dynasty and to become endowed with supernatural power. As the general public are excluded from the Hŏ S'ăi, the only parts of the ritual which they actually see are the visit to the shrines of the Thên, the ceremonial progress from north to south, and the setting adrift of the *kăt'ŏng* rafts; they watch, from a respectful distance, the recitation of the *Jayanto*, which they take to be a sort of benediction offered by the monks to an all-powerful prince; and the setting adrift of the offerings confirms their feeling that the Prince is dismissing the spirits in much the same way as the mediums dismiss them at the conclusion of important ceremonies.[57]

The shrine officiants take an entirely different view. They recall a rite that Čăo K'ăm Sŭk used to accomplish whenever there was an epidemic: he would pace the city from north to south, measuring it as if to lay it out completely afresh, and would then deposit his clothes on a tray for the monks to purify of the diseases absorbed during his journey. In their view the *bŏk* performed by Prince Bŭn Um is of the same nature, equivalent to the *sia k'ŏ müang*, and its efficacy depends on the prayers of the monks. Of course the Prince has powerful amulets and charms, of course he is descended from Čăo K'ăm Sŭk and Čăo Ras'ădănăi who, like the Thên, sometimes "possess" the medium; but K'ăm Sŭk and Ras'ădănăi, after their death, were reborn according to their *karma* like everyone else, so they are not Thên. Because they take an interest in their descendants, they are able to return to the world on the occasion of great ceremonies, and sometimes they can give the Prince advice through the medium's voice; but when the ceremony is over they return to their celestial abodes. That is why they have no altar in the Shrine of Preparation and cannot enter the Golden Shrine. Sacred and temporal power are completely separate. A prince of Čămpasăk can marry any woman he wishes except a relative of the Thên's medium: such a marriage would make him lose his reason and cause the country to fall into frightful disorder. The Prince cannot be a substitute for the medium.

The monks too consider that the Prince plays a passive role in the purification ritual: the princely family evidently have a larger store of merits than ordinary people, as proved by the influence they retain and the important political duties that the Prince has discharged; the possession of the gem-stone Buddha image gives the family a special protection; and the pious donations the Prince makes each year to Wăt T'ŏng and Wăt Amat are bound to earn him further merits; but the Prince is exposed to greater dangers than ordinary people, especially at this season of the year when the land is threatened by all sorts of evil influences. By performing the purification ritual on the Prince and regenerating his *karma*, the monks automatically purify and regenerate the whole principality.

The Prince himself, who knows perfectly well that the deceased monarchs are not Thên, shares the opinion of the shrine officiants and the monks. In his view, when he walks through the city he is not putting spirits to flight, but taking upon himself the maladies and evil influences that might otherwise settle upon the people. When he prostrates himself before the monks in the Hǒ S'ǎi, he does so not as an exorcist but as a scapegoat weighed down with the sins of the community. He feels he is assuming an obligation which is part of his inheritance from Čǎo Ras'ǎdǎnǎi, or, to be more exact, taking upon himself the troubles caused by Queen Nang P'ǎo's misconduct and the collective guilt connected with it. In the eyes of the people he appears to be at the height of his power when performing the *bök* ritual, but in his own eyes he is completely destitute. How is this paradox to be explained?

According to one version of the *Annals of Čǎmpasǎk*, S'ǒi Si Sǎmǔt, whom the annalists picture as the founder of all the kingdom's institutions, proclaimed that, on the fifth day of the waxing moon of the sixth month, mediums should ride around the city on elephants to expel (*bök*) the spirits by land, and *kǎt'ǒng* rafts should be filled with offerings to expel them by water. At five o'clock the mediums came to offer their good wishes to King S'ǒi Si Sǎmǔt. The writer adds that this annual rite survived up to his own day.[58]

Since 1900 it has been discontinued. As the same version of the annals describes the New Year ceremony[59] but says nothing about a *bök* being held on the *mü nǎo* day, we might guess that the *bök* now performed on the *mü nǎo* day by the Prince is simply a substitute for the *bök* formerly accomplished by the mediums on the fifth day of the sixth month. The supposition might seem the more likely for two reasons: first, because the New Year always falls sometime between the sixth day of the fifth month and the fifth day of the sixth month, so when the *sǎngkhan khün* fell on the latest possible date the two expulsion rites would overlap; second, because the mediums offer their good wishes to the Prince on the *sǎngkhan khün* day just as they used to offer them to S'ǒi Si Sǎmǔt at the conclusion of their own *bök*. But this supposition is rejected by K'ǎm Sǔk's son Čǎo Sǎkpǎsǒt who left Basǎk in 1897 at the age of sixteen to enter the Siamese administration.[60] Čan Ku Nǒn also denies that one of the expulsion rites is a substitute for the other. He says that both of them were performed until the end of K'ǎm Sǔk's reign; as they were on a different plane they did not duplicate each other; and the shrine officiants presented a tray of offerings to the ruler either once or twice depending on the date of the New Year. The ceremony of *sǔt s'ǎmrǎ müang* formerly held at Luong P'rǎbang shows that the King and the exorcists could collaborate in regenerating the land; but the King, remaining in his palace in the center of the city, played a passive role.[61] At Basǎk, on the other hand, the Prince seems to take a much more active part in the *bök*.

The rites of the sixth month at Basăk must have been exceedingly colorful. If a learned man like the annalist devotes several lines to them without even mentioning the *bök* of the *mü năo* period, what impression would the royal procession make on the peasants compared to that of the turbaned mediums, dressed in bright colors, brandishing their weapons, and driving the evil spirits away to the edge of the forest or the bank of the river? According to Čăo Săkpăsöt these rites fell into disuse after the death of K'ăm Sŭk in 1900; but according to Čăo Ku Nu of Wăt T'at they had been discontinued some years earlier, after the death of P'ò Thăo P'ă Čăn, the medium of the Thên. After they fell into disuse the *bök* performed by the prince would naturally assume more importance. This would be all the easier because Čăo Ras'ădănăi, actuated by filial piety, added the cult of his father and his direct ancestors to that of the Thên. As early as 1905, it appears, he placed K'ăm Sŭk's portrait in the Hò S'ăi during the boat races;[62] K'ăm Sŭk's ceremonial tray stood on the veranda of the shrine at Wăt P'u at the time of the buffalo sacrifice; and his regalia are placed at the entrance of the Golden Shrine in the fourth month when the Thên invite all the spirits of the region to gather.[63] The Thên, as if touched by Ras'ădănăi's filial devotion to K'ăm Sŭk, would sometimes allow K'ăm Sŭk to "possess" one of the mediums in the course of a great ceremony and to communicate by that means with his son and his subjects. As the medium spoke first in T'ên K'ăm's voice, and in K'ăm Sŭk's voice immediately after, the ordinary people took it for granted that K'ăm Sŭk had become one of the *pu ta*—a general term which includes both the Thên and the ancestor spirits in the strict sense such as P'ăya Kămmăt'a and S'òi Si Sămŭt—and believed that the descendants of S'òi Si Sămŭt and K'ăm Sŭk were fully endowed with supernatural power.

Unfortunately the events which dismembered the principality showed that Ras'ădănăi and his successor Bŭn Um were powerless. We must now describe these events which will help us to understand why, after the fall of their house, they felt so guilty, and why, being unable to ward off the dangers that threatened them,[64] they found relief for their feelings in the practice of ritual techniques.

7.

In 1866, when Doudart de Lagrée's mission visited the country, K'ăm Sŭk hoped the French would free him from vassalage to Siam and grant him a status of the sort they had granted the

King of Cambodia. Seven years later the French sent troops to occupy the Siamese outposts in southern Laos. The Siamese could not put up an effective resistance; and by the treaty of October 3, 1893 they renounced all claims to the territories on the left bank of the Mêkhong and the islands in the river. By the irony of fate, K'ăm Sŭk, far from getting the protection he had sought, found himself in a much worse position than before: as Basăk is on the right bank, he remained under Siamese suzerainty, while all his possessions on the left bank fell into the hands of the French. K'ăm Sŭk, whom Pavie unfeelingly referred to as a "phantom king,"[65] died in 1900, bequeathing the remnants of the kingdom to his son Čăo Ras'ădănăi.

The Siamese, however, passed over Ras'ădănăi and placed the administration of the remaining territories in the hands of a viceroy. These territories were ceded to France by the Franco-Siamese treaty of 1904. The viceroy, not wishing to remain with the French, moved to Ubŏn, leaving Ras'ădănăi alone with his paternal uncle, Čăo Ras'ăp'ak'ĭnăi, who had been K'ăm Sŭk's only confidant.

The next year Ras'ădănăi, after swearing allegiance to the French, was appointed governor of Basăk. It was not much of a post, for Basăk was now no more than a subdivision of the Commissariat of Ban Müang which was in charge of a French administrator of the third class. In 1908 Basăk was placed under the jurisdiction of Paksé. Once a year Ras'ădănăi--whose ancestors had received the oath of allegiance from their subjects twice every year--had to go to Paksé and swear allegiance to the French. He felt a deep sense of frustration, which was all the worse because, at Pavie's instigation, the French had allowed the King of Luong P'răbang to retain all his privileges. While Luong P'răbang enjoyed the status of a protectorate, Čămpasăk was reduced to a "hybrid status, half protectorate and half colony."[66] As governor of Basăk, Ras'ădănăi had so little power that the commission appointed by the French in 1905 to choose a site for an administrative post was not even required to seek his consent, but merely empowered, "if it was thought useful," to ask his opinion "in a consultative capacity."[67] As if this slight were a consequence of his own inferiority, it seems, he felt a sense of personal disparagement and guilt. In receiving the legacy of the fallen dynasty at K'ăm Sŭk's death-bed, he had pledged to assume responsibility for a house he could not possibly restore. The obligation was all the more urgent because of the ties of affection that had always bound him to his father; but at the same time it made him a prisoner of the new rulers. The reproaches of his relatives for his failure to accomplish the impossible, though expressed in the friendliest manner, could only increase his own feelings of guilt.

* * *

Prince Bŭn Um[68] is the son of Čăo Ras'ădănăi and Princess Sŭt Sămòn.[69] Ras'ădănăi's first wife was Nang T'òng K'ŭn, a daughter of K'ăm Sŭk's brother Čăo Ras'ăp'ak'ĭnăi. After her death Ras'ădănăi married one of her younger sisters, Nang Yĭm, but she died shortly afterward. He then proposed to marry another of her younger sisters, Nang Sŭt Samòn, but both families opposed the marriage on the ground that--coming so soon after the two successive deaths--it was sure to be unlucky. Yielding to their pressure, he married Nang Čăn, the daughter of a high official of Basăk. Soon afterwards Nang Sŭt Samòn discovered that Ras'ădănăi had made her pregnant, so he married her too.[70] She gave birth to Bŭn Um in 1909.

At the age of six he was sent to Wăt Liep for training.[71] The teaching methods in the monastery were extremely severe. "Don't send him back to me either blind or with only one eye, that's all I ask," said his father when he left him with the Abbot. Now and then Bŭn Um would go home for a short visit, but his father always seemed to treat him coldly. This made the boy unhappy because he admired his father deeply for his skill and bravery in elephant hunting, and longed to gain his affection. When he was ten he was taken away from the monks and sent to the local school. Four years later his father, wanting him to learn French because his own ignorance of the language of the administration increased his natural inferiority complex, sent him to the Lycée in Saigon. The separation from his father hurt Bŭn Um's feelings and awakened a sense of revolt in him. During the seven years he spent in Saigon he saw his family only during the long vacations.

In 1930, at the age of twenty-one, he returned to Basăk. Laos, which was feeling the effects of the world depression, had little to offer this energetic young man. His father would have liked him to go into the administration, but no posts were available, and in any case he had no taste for office work, so, against his father's principles, he decided to go into trade. Because of the economic crisis the French had forbidden the export of cow buffaloes from Laos; but it was impossible to prevent them from being smuggled across the border to Siam and sold at a large profit, and Bŭn Um went into this lucrative business. In 1932, however, when a post was found for him in the administration, he accepted it in deference to his father. For the next seven years, apart from a period spent in study at the school of public administration in Vientiane, he occupied various posts at Paksé, Vientiane and T'a Khèk.

In 1939 he was mobilized by the French at the outbreak of war between Siam and French Indochina. Delighted to be relieved of office work, he joined the Franco-Lao commando operations, in which he distinguished himself by his bravery.

Hostilities ended in 1941. The next year France and Siam reached a compromise which gave Basăk, Battambang and the provinces on the right bank of the Mêkhong opposite Luong P'răbang to the Siamese. The French then gave the King of Luong P'răbang the provinces of the upper Mêkhong, Trân-ninh and Vientiane to compensate him for his losses.

Ras'ădănăi, who had been abruptly retired by the French authorities in 1934, was now made governor of Basăk by the Siamese. This created a dramatic situation because, while he himself was under Siamese authority, his son Bŭn Um had been fighting against the Siamese, and still remained with the French who now considered Ras'ădănăi a Siamese collaborator. Political events thus brought to light the hitherto latent opposition between the temperaments of father and son. This opposition, though it was to be cleared away later, left the son with a sense of guilt which only the *bök* ritual could alleviate.

The French administration--far from rewarding Bŭn Um for his bravery in the recent hostilities--decided to exile him; but the intervention of M. De Mestre, the French Resident at T'a Khêk, prevented the order from being carried out. About this time the Crown Prince of Luong P'răbang happened to visit T'a Khêk, and at M. De Mestre's suggestion invited Čăo Bŭn Um, whom he now met for the first time, to go to Luong P'răbang to work in the administration. Bŭn Um accepted, but the position proved disappointing. After resigning it he went to Vientiane, where he was given the desk of Native Affairs. Later he was posted to Paksé as Advisor on Political Affairs for South Laos, which led him to believe that the southern provinces were likely to be regrouped within the framework of the former kingdom of Čămpasăk; but the post was abolished in 1943. Bŭn Um then took sick leave and went to live with his wife's family at Kêng Kòk near T'a Khêk.

He was still there on March 9, 1945, when the Japanese-- who had been using French Indochina, by agreement with the Vichy authorities, for their operations farther west since early in World War II--forcibly assumed direct control over the whole country. As soon as he learned that they had taken Savannakhet and disarmed the Franco-Lao troops, Bŭn Um rejoined the Lao infantry at Dong Hên and took an active part in the military and political resistance against the Japanese. By this time the King of Luong P'răbang, under Japanese pressure, had proclaimed the independence of Laos.[72]

After the Japanese surrender in 1945, a revolt broke out at Luong P'răbang, a provisional government under the leftist Lao Issără Party took over Vientiane, and South Laos returned to French rule. In a referendum held in October 1945 the southern communities voted for autonomy under Bŭn Um, who now thought that the misfortunes which had wrecked the royal house of Čămpasăk might be drawing to an end. The principality might be revived and form a federated state with Luong P'răbang.

Soon afterward Bŭn Um received word that Ras'ădănăi was desperately ill. He hastened to Basăk, where he found his father dying of cancer. Asking to be alone with Bŭn Um, the dying man said: "I want you to know one thing, which I believe you have never understood: the affection I feel toward you and have always felt. Everyone, including yourself, thinks I have never loved you. Now I want to clear up the misunderstanding. Though our temperaments may be different, my affection for you is deep; more than that, I respect you. You are the only one of my sons who can restore our house to its former brilliance. I bequeath you the duty of looking after it."

Overcome with surprise and emotion, Bŭn Um gave Ras'ădănăi his word to maintain the heritage, just as Ras'ădănăi had given his word to K'ăm Sŭk at his death-bed.

On May 12, 1946, the day before the French troops reoccupied Luong P'răbang, the French Commissioner wrote the Crown Prince that France hoped Laos would be unified under the King of Luong P'răbang; not a word was said about restoring the principality of Čămpasăk. In June 1946 preparations began to be made at Vientiane to elect a constituent assembly and establish a *modus vivendi* based on unification.

Bŭn Um, who had been taken seriously ill shortly before this, felt obliged to agree to the proposal; on August 18 the *modus vivendi* was signed; and a few days later Bŭn Um signed the annexed protocol renouncing his claims on Čămpasăk, sacrificing the dreams of his father and grandfather in order to make Lao unity possible.

*   *   *

We can now understand the intensity of feeling with which the Prince carries out the *bök* ritual. "For me," he has said, "the *bök* is a confession of weakness--but what sort of weakness? I do not know. Perhaps the indifference that comes from knowing that nothing can be done. . . . My grandfather, they say, thought our house was haunted by fate; my father was paralyzed by the same idea; how can I help believing in it too? All you have to do is to read our Annals: with an unmarried mother as queen, everything started so badly that the game was lost before it began."[73]

As S'ŏi Si Sămŭt was able to halt the troubles set in motion by Nang P'ăo's misconduct, it is not surprising that the people should have turned to his descendants to regenerate the Müang on the *mü nao* day which would affect the whole year to follow. After the discontinuance of the *bök* performed by mediums, the only means left to free the Müang of evil influences was the procession of the princes, and the *bök* over which they presided. While presiding over it the princes could not avoid reflecting on the cause of the misfortunes that had overtaken their house; while still attributing it to Nang P'ǎo's offense, they tended to interpret it as fate, which seemed to absolve them of responsibility; yet at the same time it stimulated their latent sense of guilt. While symbolically turning away the hostile influences, the *bök* in fact allowed both an outward show of grandeur and an inward sense of atonement. For historical and psychological reasons the *bök*, which might otherwise have been accomplished as calmly as the purification rites in northern and central Laos, became a ritual of obsession.

NOTES

1. Cf. S. A. Phetsarath, "Le calendrier lao," *France-Asie*, Nos. 118-120 (mars-mai 1956), 787-812; translated into English in *Kingdom of Laos: The Land of the Million Elephants and of the White Parasol*, ed. René de Berval (Saigon, 1959), 97-125.

2. Cf. C. Archaimbault, "La naissance du monde selon les traditions lao," in *La naissance du monde* (Paris, 1959), 384-414, and "La fête du T'at Luong à Luong P'răbang," *Essays Offered to G. H. Luce* (Ascona, 1967), Vol. I, 5-47.

    The folklore of Northern Siam may give a clue to the nature of these ancestor spirits. According to a chronicle translated by C. Notton (*Annales du Siam*, I, Paris, 1926, pp. 69-70), the ancestors Pu Së and Ya Së, protective spirits of Dòi K'ăm in the region of Chieng Mai, are ogres whom the Buddha had forbidden to eat human flesh. They agreed to protect the inhabitants of the territory and to watch over the maintenance of Buddhism for five thousand years on condition that the community offer them two buffaloes a year.

    In his book on the "Thai Customs of the North" (*Prăp'éni t'ăi p'ak nüa*, Chieng Mai, 1963, pp. 183-204), Mr. Sanguan Chotĭsŭkhărăt, who describes the sacrifices offered to these spirits, says Pu Së and Ya Së were the protecting spirits of the Lawa, the first possessors of the land.

    In an article on "The Lawa Guardian Spirits of Chiengmai" (*Journal of the Siam Society*, LV, ii, July 1967, 185-225), Mr. Kraisri Nimmanahaeminda gives interesting variants of the legend of Pu Së and Ya Së.

    If there is a parallel between the ancestor spirits of Luong P'răbang and those of Chieng Mai, it may be guessed that Pu Ñö and Na Ñö were originally yakṣas or ancestor spirits of the Kha, the first possessors of the land, and that the Lao invaders later integrated them into their cosmogony and transmuted them into Thên. Cf. C. Archaimbault, "Le cycle de Nang Oua-Nang Malong et son substrat sociologique," *France-Asie*, No. 170 (novembre-decembre 1961), 2581-2604.

3. Perhaps because of the disappearance of the ritual of masks in 1873; see C. Archaimbault, "La fête du T'at à S'ieng Khwang," *Artibus Asiae*, 24:3/4 (1966), 187-200.

4. See C. Archaimbault, "Les annales de l'ancien royaume de S'ieng Khwang," *Bulletin de l'École Française d'Extrême-Orient*, 53:2 (1967), 577-79. According to one version of the annals, King Sǒmpu of S'ieng Khwang, the restorer of Buddhism in Trân-ninh, died in 1802 in Vientiane where he was held prisoner. His brother, Čǎo S'ieng, succeeded to the throne, and then the latter's son Čǎo Nòi. In 1825 the king of Vientiane, who had imprisoned Čǎo Nòi, needed some one capable of ruling S'ieng Khwang. He sought out Sǒmpu's son, Čǎo K'ǎm Kǒt, who had become a monk and was living as a hermit in the cave of Mǎt; but K'ǎm Kǒt declined to return to lay life.

5. According to the annals (*ibid.*, p. 609), there were a lot of wild elephants in one part of the place where King Lan K'ǎm Kong intended to build his capital; and the Ačan T'ǎmmǎk'ǎtha drove them out by means of magic formulas. According to the oral tradition, on the other hand, two wild elephants, which were ravaging the S'ieng Khwang countryside, were driven away by an Ačan who threw large stones at them; whereupon they fled to the source of a stream four kilometers from the town, and died there. To commemorate the Ačan's exploit, a *t'at* with two statues of elephants was erected there. On the first day of the New Year ceremony, the Prince of S'ieng Khwang, Čǎo Sǎi K'ǎm, and his brother—a noted exorcist who was formerly Lord Abbot of Wat Si P'ǒm—go to this place, followed by the townspeople; five or six monks from the most important monasteries in the center of S'ieng Khwang sit at the base of the *t'at* reciting the *Namo* and *Buddham*; then the Prince and his relatives, followed by the others, sprinkle the reliquary and the two elephants with water, and lay flowers at the elephants' feet. In the reign of the Prince's father small fireworks were set off in order to keep away all evil from the descendant of the ancient kings of P'uon (S'ieng Khwang). The purpose of the fireworks was probably the same as that of the lustrations, which are intended to eliminate impurities and bring on rain. On the way back, the Prince was copiously doused by the peasants, while the boys and girls doused each other. However, in our day the oral tradition is dying; many of the P'uon regard the two elephants as protectors of the city; the ritual is re-interpreted; and the chief function of the lustrations is to obtain rain.

6. On the afternoon of the *mü nǎo* day the Prince and his brother, accompanied by all the monks of the area and a crowd of people, go to the caves. On all the rocks near the mouths of the caves, the monks light candles while reciting "the candle offering." The women remain in a group outside, as they are strictly forbidden to enter the caves. On the way back the girls and boys sprinkle each other with water.

7. On the afternoon of the sǎngkhan khün, the people build stupas of sand with stakes and flags stuck in the top. A cotton thread, one end of which is held by the monks who sit in a semicircle, is attached to the stakes to prevent evil spirits from entering the city, which is defended by the sand stupas like so many small fortresses. To help the defense, knives are added to the offerings of cloth, candles, areca nuts, and leaves of *cassia fistula* and *morinda citrifolia* which are placed on trays and presented to the monks.

8. In northeastern Siam, knives and various other cutting implements are put on the *ba si* tray in the ceremony of *t'ǎm khwǎn*. See Phya Anuman's excellent article, "The Khwan and its Ceremonies," *Journal of the Siam Society*, L, ii (1962), 161 ff.

9. C. Archaimbault, "L'histoire de Čǎmpasǎk," *Journal Asiatique*, 249 (1961), 519-595. Here we describe the ceremony which we witnessed on April 13-15, 1953.

10. In 1638, according to the annals (*ibid.*, pp. 523-24), a queen of Čǎmpasǎk named Nang P'ǎo became pregnant by a prince who had come to capture elephants in that region. She condemned herself in a decree which kept alive the memory of her sin, and required every unwed mother in the kingdom to pay for a buffalo to be sacrificed to the protective spirits. The aborigines who lived in the frontier regions were given the duty of enforcing the decree. In our day the unwed mothers still must observe this custom twice a year. At the eleventh month, during the boat races at Basǎk, the young Lao women who have broken the rules of good behavior pay for the buffaloes which are sacrificed the night before the last day of the ceremony. At the sixth month the unwed mothers of the southern frontier lands, which are peopled by aborigines, must offer buffaloes to the spirit of Wat P'u, on the site of the old capital of Čǎmpasǎk. Nang P'ǎo's misconduct recalls the sin committed, according to the cosmogony of southern Laos, when a daughter of the king of the gods was made pregnant by one of the palace servants (cf. Archaimbault, "La naissance du monde selon les traditions lao," pp. 406 ff.). We find the same theme in the legend of Nang Malong (cf. Archaimbault, "Le cycle de Nang Oua-Nang Malong," p. 2598 f.). In view of the role played by the aborigines in these legends and the Basǎk ceremonies it is possible that the collective conscience, acting as a censor, turned the seducer of Nang P'ao from a Kha or a servant into a prince. It is equally likely that these legends and stories were invented to explain the disappearance of the brilliant Cham and Khmer principalities which preceded the founding of the Lao principalities: cf. C. Archaimbault, "Religious Structures in Laos," *Journal of the Siam Society*, LII, i (1964), p. 63.

11. A tray of several tiers holding the offerings which are intended to gather together the souls and fasten them to the body of the person in whose honor the rite of the recalling of souls is being performed.

12. Although the Lao calendar issued by the government contains a picture of the god of the New Year, the peasants of Čămpasăk seem unaware of the legend of his seven daughters. On New Year's Day, according to this legend, a childless rich man presented offerings to the spirit of a large banyan tree, praying to be given a son. With Indra's help the prayer was granted; the rich man's wife bore him a son, named Dharmapāla Kumāra; and his father built him a seven-storeyed palace near the banyan tree. While very young, the child learned the bird language from the flocks which nested in the tree, and at eight he became a celebrate Ačan. In order to test his knowledge, a Brahmā named Kapila asked him three questions, swearing that if the boy could answer them in seven days he would decapitate himself and give him his head; but if not, the boy's head would be cut off and given to the Brahmā. After trying unsuccessfully for six days to get the answers, the boy lay down at the foot of a tree in which a pair of eagles were nesting. When one of them asked the other, "What are we going to eat tomorrow?" he received the reply: "Dharmapāla Kumāra, who will be killed by Kapila for not answering his questions"; whereupon the eagle told its mate the answers to the three questions. Having learned the answers, the boy returned to his palace and passed the Brahmā's test triumphantly. The Brahmā then summoned his seven daughters, who were Indra's concubines, and explained that he had lost his wager and was going to decapitate himself. At the same time he warned them that his head must not touch the earth, for it would burn the world; it must not be thrown into the air, as it would cause a drought; and it must not be allowed to fall into the sea, as it would make the water evaporate. So when he cut off his head his oldest daughter put it on a tray, circumambulated Mount Meru for sixty minutes with the tray in her hand, and finally put it in a cave on the slopes of Mount Kailāsa. At the New Year the seven daughters in turn have to circumambulate Mount Meru carrying the head in the tray. These young women of the New Year, or goddesses according to the Lao calendar, represent the days of the week. Decked out with different gems and flowers, carrying distinctive insignia and weapons, they each have a particular mount: garuḍa, tiger, boar, donkey, elephant, buffalo, or peacock. The posture they adopt is in relation to the time when the sun enters the sign of the ram. In the morning they stand on their mounts, in the afternoon they sit, in the evening they lie down with their eyes wide open, and after midnight they go to

sleep. See King Chulalongkorn, *P'rărachăp'it'i sipsòng düan* ("Ceremonies of the Twelve Months," Bangkok, 1960), p. 329 f.; and Prince Dhani Nivat, "The Soṅkrānt of the Môn," in *Essays Offered to G. H. Luce* (Ascona, 1966), Vol. I, p. 117 ff. For an analogous legend in Burma, see Sathien Koset (pseudonym of Phya Anuman Rajadhon), *Trus sārda* (Bangkok, 1963), p. 29 f. The Cambodian legend is identical to the Siamese; see Eveline Porée-Maspero, *Cérémonies des douze mois: fêtes annuelles cambodgiennes* (Phnom Penh, 1950), p. 21.

13. At Luong P'răbang on the afternoon of the *săngkhan păi*, the people liberate fish and birds, and then, after washing their heads with water in which leaves of *acacia concinna* have been steeped, they set *kăt'ŏng* rafts adrift on the river. Some people rub their bodies with a ball of sticky rice, which they then place on the raft. According to the text of the *Twelve Traditions*, the *kăt'ŏng* rafts are supposed to carry away the misfortunes of those that launch them; but many people simply consider the rafts to be offerings to the Nāga kings.

14. At Luong P'răbang, early in the morning of the *săngkhan păi*, the housewives sweep their house from top to bottom, with brooms made out of twigs of *mallotus philippenensis*, *morinda citrifolia* and *glycosmis cochinchinensis*, bought at the ritual market which is held between Wat Măi and the royal palace. (At this market, turtles, shellfish, fish and birds are also sold, which are to be liberated that afternoon.) While sweeping, the housewives pray that all misfortunes will leave with the Lord of the past year, and that prosperity will enter the house.

15. This rite was called *sia k'ŏ müang*, "discarding the *müang*'s bad luck" (*k'ŏ* < Skt. *graha*, Pali *gaha*). In Čăo K'ăm Sŭk's time, when there was an epidemic, the Prince himself paced over the town as if to lay it out anew. At the center of the town he had a throne set up, adorned with a thousand "victory flags" (streamers cut with saw-tooth edges and wrapped around a stick), a thousand *mieng* (in southern Laos the word means a quid of fermented tea-leaves wrapped in a papaya leaf fastened to a forked stick), a thousand incense sticks, and a thousand candles. Around the throne were set nine parasols of nine tiers each. Nearby the Prince's ceremonial tray was placed, containing, among other things, the insignia of honor which the King of Siam had given him at the time of his investiture, as well as the costume he wore while performing the pacing ritual. Four monks, facing toward the east, recited the *Maṅgalasutta*, followed by the *Upaddavakanti* to expel misfortunes. The prayers went on for three days, with the Prince always present. On the

morning of the fourth day, a *kăt'ŏng* and a raft adorned with figurines were placed near the ceremonial tray. The monks, facing toward the west, recited the *Parimāta* and the *Parimāna*; a servant removed the raft to set it adrift on the river, and the *kăt'ŏng* to deposit it at the edge of the forest; and the monks went to the Prince's house where a meal was presented to them.

In the early 20th century the *sia k'ŏ müang* was still performed at Luong P'răbang to expel diseases at the beginning of the rainy season in the seventh month. Monks recited prayers for three days in the palace, particularly the *Sŭt sia k'ŏ müang*; the sovereign was present at the beginning of the ceremony, but took his leave after hearing the precepts. On the fourth day, *kăt'ŏng* rafts were set adrift on the river, one of which contained a statuette of a *yakṣiṇī*, together with the same number of clay figurines as the sovereign's age. The clay figurines, representing a human couple and pairs of dogs, ducks, chickens and elephants, were being offered to the yakṣiṇī so that she would not seize any of the people of the *müang* or their domestic animals. The ceremony of the *Sŭt s'ămră müang* or "sutta to purify the *müang*," which used also to be held at Luong P'răbang in the seventh month, included a procession. After the sovereign had listened to the precepts, a hundred monks seated in the throne hall read aloud the *Suttaparittamaṅgala* and the *Năngsü sŭt s'ămră müang*. On the third day the monks invited the king to sit on the veranda, while the high officials sprinkled him with water from eight alsmbowls which were placed around the offerings at the cardinal and sub-cardinal points. Two groups of four monks each from Wăt S'ieng T'ŏng, Wăt Măi, Wăt T'at Pak K'an and Wăt Măi mounted on elephants and escorted by guards, set out from Wăt Măi in the center of the town and rode through the town from north to south and from south to north, reciting the *Jayaparitta* while the guards shot off their guns.

At Vientiane, according to Thăo Phimason, the ceremony of purifying the *müang* was performed on the fifteenth day of the waxing moon of the seventh month. A procession started from the Pa Săk River at the north of the town, and moved to Wăt S'ieng Ngön at the south, expelling the evil influences into the watercourses by means of *kăt'ŏng* rafts.

These different purification rites may help to explain the rites performed in southern Laos. For the course followed by the monks of Luong P'răbang and that followed by the Prince of Basăk, see Fig. 1, p. 51.

16. In the 18th century, according to the annals, the Queen of Čămpasăk, Nang Păo, retired and turned the throne over to

P'ră K'ru P'ónsămék, the former head of the Vientiane monkhood. Later on, because of some disputes among the people, the P'ră K'ru gave the throne to S'ði Si Sămŭt, a prince who was supposed to be a descendant of King Suriyawongsa of Vientiane (r. 1637-94). Cf. Archaimbault, "L'histoire de Čămpasăk," p. 534 f.

17. In contrast to the practice at Luong P'răbang, no ritual bath is taken at the entrance.

18. At Luong P'răbang the ritual tug-of-war is held in the seventh month at the beginning of the rainy season, during the ceremonies in honor of the great spirits who protect the kingdom. The women, custodians of fecundity, win generally two bouts out of three.

19. Contrary to the practice at Luong P'răbang, there are no reciprocal lustrations; cf. Archaimbault, "La fête du T'at Luong à Luong P'răbang."

20. This does not refer to the image removed in the nineteenth century by the Siamese (cf. "L'histoire de Čămpasăk," pp. 554 f., 563 f.) but to an ordinary statuette made of rock crystal.

21. In Cambodia, the rule is that for three days before the New Year chastity must be observed, work must stop, nothing must be sold or bought. Breaking this rule may bring about any of the six evils: to fall ill, to have one's wife ill, to have a child ill, to have one's house burn down, to be robbed, to have one's clothes chewed by rats. Cf. Porée-Maspero, *op. cit.*, pp. 114-115.

   The sacred nature of the "in-between days" is a universal folklore trait: see Sir James George Frazer, *The Golden Bough*, pt. VI, "The Scapegoat" (London: Macmillan, 1913), pp. 339 ff.

22. Strictly speaking the only part of the New Year ceremonies to which the term *bök* should be applied is the final rite of purification performed in the Hǒ S'ăi; but in popular usage it also includes the Prince's visit to the shrines of the *phi măhésăk* and the procession. This usage, as we shall see, reflects the confusion that has come about between it and the "princely" *bök*, which was performed in the past by mediums who rode in procession around the city.

   The New Year's *bök*, however, is not the only one that is performed at Basăk. Another one comes toward the end of the dancing ceremony held by a woman in the yard of her house, in honor of the *phi fa* or heavenly spirit who is believed to "possess" her. This ceremony is performed in fulfillment of a promise made by the woman when she or one of her relatives became ill because she failed to make the necessary offerings to the *phi fa*. The *mê liang* or "foster mother," who looks after the rites in honor of the *phi fa*, rubs the patient's body with two balls of rice. She then throws one of them into a *kăt'ŏng*, and the other into a miniature canoe with a figurehead representing the *phi-süa nam* or guardian spirit of the waters. Lifting the *kăt'ŏng* by the handle with the point of a sword, the *mê liang* passes it over the heads of the patient and the patient's family. Then she takes a mouthful of perfumed water and spits it out on all the people who are present, and also on the *kăt'ŏng* and the canoe. By this means the evil influences are expelled.

In parts of southern and central Laos a ceremony called *bök sŏng phi* is sometimes held in private houses seven days after the *mü năo*. The house is surrounded by a cotton thread; monks take their places at the four corners of the house and recite texts; then they scatter sand and water around the house to expel evil influences.

For the *bök* ritual as practiced by the mediums and ačans in central Laos, see Archaimbault, "La fête du T'at Luong à Luong P'răbang," *loc. cit.*

23. Cf. P. Paris, "L'importance rituelle du nord-est et ses applications en Indo-chine," *Bulletin de l'École Française d'Extrême-Orient*, 41 (1941), 303-333.

24. For the plan, see Fig. 2. Here is what Prince Bŭn Um once said to me about the transfer of the capital (I reproduce, with his permission, the notes I took on his remarks at the time): "Would you believe it? It all started one day because my grandfather Čăo K'ăm Sŭk caught a lot of fish! He was taking a trip and happened to stop at P'ă Pĭn. He had had nothing to eat since morning, so he decided to go fishing. If he hadn't, he would never have moved his capital to Basăk, and that would have been far better for everyone. He was not an ambitious man, and when he moved it to the neighborhood of the holy sites like Wăt P'u and Wăt T'at it was certainly not because he had any idea of reviving S'òi Si Sămŭt's tradition. He was a man of action, that's all. He had been made governor of Čămpasăk by the Siamese eleven years before, and he was getting bored with living at Himlòt, a wretched little village carved out of the rocks and forest where our house had been gathering mold for twenty years. You have seen Himlòt--sandstone everywhere--my great-grandfather Čăo H'ui's monument destroyed, with nothing to show that his ashes were put

there except a wooden post being chewed up by termites. My grandfather never went back there. When he decided to move, with his Court and all his subjects, he was thinking of fertile lands and islands 80 km. farther south: my father's brother Čǎo Sǎkpǎsöt tells me my grandfather intended to settle at Mulǎpǎmok near the island of Khóng. But then came this devilish catch of fish, which ruined everything. No sooner had the nets been set than the floaters sank to the bottom and bream were brought up by the ton. It was probably in February, 1874. The annals don't give the month, but it is only in February that the sort of bream we call *pa p'ǒn* come up the river in shoals to Basǎk and P'ǎ Pǐn. The old folks here say that the bream came up at this time to make a pilgrimage to T'at P'ǎnǒm. As for my grandfather, he was much annoyed because no one wanted to move on from the place the fish had been caught. Everyone thought it was a miracle. When the soothsayers were consulted they said it was a wonderful omen and the new capital ought to be built there. Then they got busy with their calculations. Was it just a coincidence, or the force of some old stories known to the learned men? Whatever it was, they proposed the plan called 'the Sixteen Capitals,' which is given in all our geomantic treatises; and for the southern limit they chose Wǎt T'at, the monastery which contains the ashes of the spiritual founder of the principality. P'ǎ Pǐn at the northern limit, which corresponded to some auspicious compartment, I forget which, on this sketch [Fig. 2], was chosen for the shrines of the *phi mǎhêsǎk*. The two places were seven kilometers apart, but distance did not bother the soothsayers. My grandfather, in order to save his legs, built his palace, or what was called a palace in those days, exactly halfway between, at an equally auspicious site. This became the center of Basǎk. By a stroke of horribly bad luck the capital had returned to its original site, or at least the site it occupied in the reign of S'òi Si Sǎmǔt's son P'ǎ P'ǔtt'ǐ Čǎo, who was ruler when Čǎmpasǎk lost its independence. This was a bad omen which the soothsayers overlooked. From then on the die was cast. My grandfather was beaten by his environment. He became obsessed with the past, he stopped dreaming about the islands, and he started trying to restore the kingdom of Čǎmpasǎk."

25. Cf. Archaimbault, "La naissance du monde selon les traditions lao," *op. cit.*, p. 406 f.

26. The word *čǎm*, literally "to dip one end," refers primarily to a part of the rites in which balls of rice are dipped into egg yolks or condiments before being offered to the spirits. By extension it means a man who is entrusted with

presenting the offerings, and can be translated as "master of rites." The čăms help the mediums, but never themselves incarnate the spirits. There are four čăms at P'ă Pĭn. Their chief, Nai Dêng, has complete authority over the performance of the rites. He sets out the offerings in the Shrine of Preparations, lights the candles, and helps the medium by handing him bowls, ewers, swords, garments, etc. Acting as an intermediary between the layman who are present and the medium, he informs the latter of the requests made by the faithful.

27. To make candles, wax is rolled between one's hands around a cotton thread.

28. P'ă Inta is the secretary of Čăo T'ên K'ăm, the chief Thên of P'ă Pĭn. Because of his inferior rank, P'ă Inta is not allowed in the Golden Shrine. He used to have an altar of his own in the Shrine of Preparation, but in 1950 a candle set fire to it. Since then he has remained in the mê lăm's house, where a small altar was built for him. During the ceremonies of the fourth month the mê lăm or female medium (literally "woman secretary-interpreter") serves as a medium for several other spirits who have no medium of their own.

29. This is the rite in which the faithful bid farewell to the great protective divinities and offer them provisions for their return journey. It comes at the end of all the ceremonies of liang or food-offerings. In the ceremony of the fourth month the medium and the mê lăm head the procession which performs this rite; then come two čăms, each carrying a kăt'ŏng; then four guards carrying swords, and eight other shrine assistants carrying spears, halberds and guns. The kăt'ŏngs are set on the river bank and the čăms fasten candles on them. Then the čăms take the guards' swords, sprinkle them with liquor, and stick lighted candles on the points. The mediums take them and perform the usual dance figures. The head čăm, stooping down with clasped hands, murmurs: "The ceremony for Your Lordships is over. Return in peace to your shrines and the palaces where you live." He sprinkles liquor on the two kăt'ŏngs, while the mediums revolve slowly, sword in hand, their movements reflected in the purplish water. According to popular belief, lots of phi of uncertain character come from far-off places in Siam and even Burma to take advantage of these festivities and infiltrate themselves among the divinities of the müang. Suddenly the guards fire off a salvo of guns to dismiss the last spirits; two more kăt'ŏngs are brought to the edge of the rice-field; the čăms, mediums and guards perform the same rites of dismissal; and all the spirits from the forests and the hills go away. For this reason

the send-off ritual is somewhat ambivalent: while the invited spirits are treated with the greatest politeness, the parasites are treated with something like threats. At the end, the warlike movements executed by the mediums and the salvo fired by the guns tend to be regarded as a rite of expulsion. There is therefore a certain confusion between the *sŏng k'ien* and the *bŏk*.

30. The *sia k'ŏ* is a rite designed to change a person's luck from bad to good (*sia*, to discard; *k'ŏ*, written *grauḥ* in Siamese and *gauḥ* in Lao, < Skt. *graha*, Pali *gaha*, hence [bad] luck). The 'client' (the person wishing his luck to be changed) has the rite performed at his own house. The ceremony I am about to describe was performed by Ačan Ku Nu at Basăk.

In front of the client the *ačan* sets a *kăt'ŏng*, in the form of a large square container each side of which is the same length as the client's forearm. It is made of banana wood, and divided into nine compartments with strips of the same material. Each compartment corresponds to a point of the compass, a day or time of day, a divinity or planet, an animal, a color, and a number. Each is decorated with the right number of flags of the right color; each contains a figurine representing the right animal, and the right number of *čŏk* or banana-leaf cups filled with different sorts of food. The nine "planets" are the sun, moon, Mars, Mercury, Jupiter, Venus, Saturn, Rahu (the demon who causes eclipses), and Ketu (the descending mode). They are regarded as divinities, each of whom wears his own distinctive color and has his own distinctive animal as a mount. The symbolism of the numbers seems to have been forgotten in Laos, but Siamese astrological treatises say they correspond to the number of guards, armed with spears, swords or arrows, possessed by each. All these correspondences vary from one treatise to another and from one *ačan* to another. In Laos the traditions have become so confused that the variations are innumerable, and the composition of the *kăt'ŏng* made for a particular occasion does not always correspond to the text recited on the same occasion.

According to Ku Nu, the northeast compartment corresponds to Sunday, the sun, the cat, the color red, and the number 8. It is decorated with 8 red flags and contains 8 *čŏk*. The south compartment, corresponding to Thursday, Jupiter, the nāga, yellow and 19, is decorated with 19 yellow flags and contains 19 *čŏk*; the north compartment, corresponding to Friday, Venus, the mouse, green and 21, has 21 green flags and contains 21 *čŏk*; and so on. Ku Nu says the center compartment corresponds to "an auspicious hour," the sacred Lakkhaṇa, a divinity instead of an animal, white, and 5.

Beside the *kǎt'ǒng* stands a pedestal bowl containing quids, cigarettes, five cowries, ten piastres, a piece of white cloth, a glass of water in which pods of *acadia concinna* are steeped, a candle the same length as the patient's forearm, a candle whose length equals the circumference of his head, and a skein of cotton thread.

The direction in which the client faces depends on the day the ceremony is held. If it is held on Sunday, he sits facing the northeast. The *ačan*, who sits facing him, takes the skein of cotton thread, winds one end of the thread around one of the flags of the northeast compartment, passes it three times around the *kǎt'ǒng* and once between the client's hands, and then puts the skein back in the bowl. He lights the candles, placing the first one on top of the center compartment of the *kǎt'ǒng* and the second on top of the pedestal bowl. He prostrates himself three times before the pedestal bowl, dedicating it to the Buddha, the Dhamma and the Saṅgha. After reciting the *Saraṇaṃ*, he recites the *sǒng k'ǒ:* "Today I am performing the rite to exorcise the bad luck of the person named X, whose age is Y. May all bad luck, danger, misfortune and sickness disappear!"

Then he recites the *sia k'ǒ*, a very long text containing a lot of expressions in corrupt Pali. He invokes all sorts of divinities, plus the Three Gems. He lists the troubles that overhang the client, and the offerings that have been prepared for the divinities and the Three Gems; he refers to the merits earned by the client; he invites the divinities to accept the offerings, praying them not to harm his client but to give him every sort of good luck. As he invokes each of the nine planets by name, the *ačan* pauses while the client takes one of the nine balls of sticky rice contained in a basket nearby, rubs his body with it, and lays it down in the center compartment of the *kǎt'ǒng*. Then the *ačan* recites the *Yandunnimittaṃ* (see Wells, *Thai Buddhism, its Rites and Activities*, Bangkok, 1939, p. 240), the *Edanāmakaṃ*, the *Dukkhapattā* (*ibid.*, p. 230 no. 24), and an invocation to the devas, brahmās, mahabrahmās, rishis, disciples, cakravartins, buddhas, bodhisattas, arahants, etc., praying them to grant the client good luck. He gives the client the skein of cotton, takes the candle from the pedestal tray, burns the thread which surrounds the *kǎt'ǒng* so as to transfer all the client's troubles to the burnt end, and then lays the burnt end in the center compartment. While he is burning the cotton, the client has to hold his breath. Then the *kǎt'ǒng* is carried out of the house.

This rite may be performed when the client is ill or threatened with bad omens, or at the time of the săngkhan khŭn.

If the horoscope for the New Year is unfavorable, the ačan performs a supplementary rite called bus'a s'ŏk or offering to fortune (bus'a, written pūjā, is, of course, the Skt. word pūjā, worship; s'ŏk, written joga, means luck or fortune), so as to assure the client of good luck throughout the year. This rite is performed as follows.

The ačan puts near the client a square kăt'ŏng whose sides are the same length as the client's forearm, and which is not divided into compartments. At each corner of the kăt'ŏng he fastens a flag with three notches, dedicated to the Three Gems. Around the kăt'ŏng he fastens sticks of incense, and the same number of white flags as the years of the client's age, putting an equal number of čŏk inside the kăt'ŏng. Cotton thread is passed three times around the kăt'ŏng, but not between the client's hands. The ačan recites Buddhist prayers, followed by the bus'a s'ŏk formula, inviting the divinities of the nine planets to come and taste the dishes offered by the client, who has been spared from ill fortune by means of the preceding rite. The ačan takes a lighted candle and drops wax on the perfumed water in a cup, at the same time reciting an incomprehensible formula, then gives the client the water to sprinkle himself with. Taking the cotton thread, the ačan brushes the client's right wrist so as to expel bad influences, then fastens the thread around each of the client's wrists, reciting a formula containing all sorts of good wishes.

31. Like everyone else, deceased čăms are subject to the law of karma; but before dying they were experts, under the aegis of the god of techniques, P'Ĭtsănŭkŭkan (Viśvakarman); and that gives them a certain amount of stability.

32. At Luong P'răbang the shrine of the dancing ancestors is cleaned on the morning of the săngkhan păi. At S'ieng Khwang the "Shrine of the Masters" is also cleaned on the săngkhan păi day, and on the following day the čăm puts two bowls of flowers, five pairs of candles, and some sweets on the altar of the Thên.

33. Taléo are magical devices made of woven strips of bamboo. The usual taléo is flat, in the form of a hexagon or interlocking triangles, but it may assume various shapes. The taléo used on this occasion are bundles of nine ordinary hexagonal taléo.

34. These presents enable the medium to establish contact with the spirits. They consist of a large cornucopia of banana leaves, in which 32 *s'uei* are inserted, each containing 2 candles and some red flowers; a bowl of white rice with 2 raw eggs on top; a silver bar in the shape of a canoe; a *s'uei* containing one piastre; a small cup for liquor; 2 flasks of liquor; 8 areca nuts; 8 betel leaves; 8 silver coins; 2 skeins of cotton; 2 large candles; and a ball of cotton with 2 red flowers stuck in it, surrounded by candles.

35. Boiled chicken, coconuts, banana flowers symbolizing pigs' heads, bowls of sugared rice, fruits, sweetmeats, bottles of liquor, etc.

36. Each containing two bowls of rice and a coconut.

37. For their earthly travels and their tours of inspection of the *müang*, the Thên ride divine horses or divine elephants. When they come back, their mounts are tied up to hitching-posts consisting of a pair of uprights and a cross-bar.

38. These leaves, like those of the *cassia fistula*, are supposed, because of a play on words, to produce abundance, fortune and honors. *Ño, morinda citrifolia*, also means "to praise"; *k'un, cassia fistula*, means "to multiply."

39. Ordinary *taléo* of hexagonal form, fastened under the altar and along its sides.

40. In order to incarnate the spirits, the medium takes off his shirt and the Buddhist amulets he wears around his neck, as these things would interfere with the incarnation. He sits in front of the tray of presents, facing the Thêns' altar. A tray full of clothing is put near him. He prostrates himself three times, takes three pinches of rice from a bowl, and throws them on to the tray of presents to entice the divinities to descend. He prostrates himself again, then remains motionless, with a fixed stare and clapsed hands. A few minutes later he drops his hands to his knees, signifying that the incarnation has taken place. He points to the tray of clothing, indicating the right garments for the divinity whom he is incarnating. The *căm* helps him put them on. During the periods of incarnation, the medium is said to have a feeling of extraordinary lightness. The people around him get smaller and smaller; suddenly he is cut off from the outer world; he sees nothing, as if he were sound asleep. When the spirit leaves him, he returns to himself slowly, people gradually resume their normal appearance, and he throws three pinches of salt on the tray of presents.

41. The Prince's family ask him whether Čăo K'ăm Sŭk and Čăo Ras'ădănăi have arrived yet. The medium answers, in a husky voice which is barely audible, that the ancestors are there and are pleased to see that the rites have not been given up. Various people then ask the medium about future events that concern them.

42. The *ba si* is a special form of *su khwăn*; see Nguyen Van Lanh, "Le Sou Khouan," *Bulletin de l'Institut Indochinois pour l'Étude de l'Homme*, V (1942), pp. 106-114.

43. If T'ên K'ăm needs help from other monarchs in order to expel evil influences, it might be thought that he had lost some of his transcendent powers; but as the mediums and the *čăms* make a clear distinction between T'ên K'ăm and the earthly rulers, it seems likely that these New Year's wishes were composed by someone else. In 1953 they were recited by Ačan Bua from the Wăt Amat district.

44. This prince, son of the King of Sisăket's nurse and a divine elephant, killed a dangerous yakṣa who had seized Nang Sida, daughter of the King of Čămpa. See Archaimbault, "L'histoire de Čămpasăk," p. 521 f.

45. While the good wishes are being delivered, everyone must touch the tray with the right hand; cf. Nguyen Van Lanh, *loc. cit.*

46. Among the lower classes it is usually the father of the family who performs this rite. He puts some flowers in a bowl, sticks a lighted candle on the edge, and ties cotton threads around the wrists of his wife and children. Then they do the same to him.

47. By winning the tug-of-war the women symbolically gain authority over the men, overturn the social order, and help rid the *müang* of the evils of the old year; after that a new social order, similar to the old one but without its defects, has to be established. Cf. the temporary overturn of the social order at the time of the boat races in the eleventh month, when the aborigines must behave as masters for three days, but make their submission to the Prince on the last day of the ceremony.

48. This miniature shrine stands on a little table at the end of the room, in front of Čăo K'ăm Sŭk's portrait.

49. Literally "bowl of five"; i.e., a bowl containing five pairs of candles.

50. In Čăo Ras'ădănăi's time, on the occasion of the "offering of good wishes," the shrine personnel used to come from

P'ă Pĭn in the canoe set apart for the protective spirits, which is never used nowadays except in the boat races. When they passed Wăt Sidačan they scooped up some water, which they later mixed with the water drawn in front of the Hǒ S'ăi. The medium sprinkled the gem-stone Buddha with these "mixed waters."

51. Whenever the rainy season is interrupted by a prolonged drought, the people of Čămpasăk also sprinkle the gem-stone image and the Prince. The gem-stone image is taken out with the same ceremony as at the New Year; then the following invocation is recited: "The people, the village headmen, the district officers and the government officials come to ask for rain to sow rice and transplant the seedlings. We pray you, O gem-stone image, to use your power to make the rain fall as it should at this season so the seedlings may prosper." After an invocation to the divinities, the image and the prince are sprinkled with perfumed water as at the New Year. He and his brothers, followed by a crowd of people, then go to Wăt T'ǒng, where they set lighted candles on Čăo K'ăm Sŭk's reliquary monument, sprinkle it with water, put flowers on it, and pray to the ancestors for rain. Similar ceremonies are held at Wăt T'at. The next day a buffalo is sacrificed at the edge of the forest north of P'ă Pĭn, and the meat--grilled, boiled or raw--is offered to the Thên in their shrine. A medium then invites the spirits to depart.

52. At Luong P'răbang, the people release fish and birds on the afternoon of *săngkhan păi* day, after building a lot of sand stupas. According to some, the purpose of building sand stupas is to make merit; according to some, it is to procure wealth and long life; according to some, it is to erase the sins committed during the past year, or even those committed during a person's whole life (in that case he builds the same number of little sand stupas as the years of his age). For these rites in Siam, see Phya Anuman Rajadhon, "The Water Throwing," *Journal of the Siam Society*, XLII, i (1954), 25 ff.; for those in Cambodia, see Mme Porée-Maspero, *Etudes sur les rites agraires des Cambodgiens* (Paris and the Hague, 1962), vol. I, 46 ff.

53. On the afternoon of *săngkhan păi*, Čăo Săi K'ăm's brother, who was formerly Abbot of the Si P'ŏm monastery, goes to a table in the garden of the Prince's residence, and sets out the family's Buddha images, as well as a lot of talismans such as deer's teeth, rhinoceros horns, a shirt with *gāthās* written on it, and a little bag containing the relics of his father. He gives each member of the family two *s'uei* and two candles. He prostrates himself and recites a prayer for felicity on earth and rebirth in heaven,

pausing at frequent intervals to allow his relatives to repeat it after him. Then the members of the family lustrate the statues, talismans and relics with perfumed water.

54. On the afternoon of *săngkhan khŭn*, Čăo Săi K'ăm's brother, the former Abbot of Si P'ŏm, invites eight monks from Si P'ŏm to perform this ceremony in the image-room of the Prince's residence.

55. Cf. Archaimbault, "Un complexe rituel: la course de pirogues au Laos," *Selected Papers of the Fifth International Congress of Anthropological and Ethnological Sciences* (Philadelphia, 1956), pp. 384-389.

56. Archaimbault: "Le sacrifice du buffle à Wat P'ou," *France-Asie*, Nos. 118-120 (mars-mai 1956), 156-161; translated in René de Berval, ed., *Kingdom of Laos*, pp. 156-161.

57. For example the *sŏng k'ien* rite; see above, note 29.

58. Recension of P'ya Müang Khwa Sŏmbun, MS, Ecole Française d'Extrême-Orient, pp. 13, 14.

59. "On New Year's day the dignitaries, directors and deputy directors of departments, the Čăo Müang, the government officials and the dignitaries' wives prepared the 'soul-trays' which were placed to the right and left (of the king). Dignitaries of all ranks prepared grilled rice, brought flowers and candles, and gathered in the throne room of the palace, where they presented their good wishes to the King. At one o'clock in the afternoon, S'ði Si Sămŭt entered the monks' assembly hall and invited them to recite prayers. The dignitaries drank the Water of Allegiance, and the King returned to the palace. His ladies and the dignitaries' wives then came to the palace to swear allegiance to him. On the second day of the waxing moon of the sixth month, S'ði Si Sămŭt, dressed in ceremonial costume and escorted by his guards, his pages, his children and the dignitaries, went to perform the rite of the First Plowing." (*Ibid.*, p. 13.)

60. Cf. the biography of this prince in the bilingual periodical of the Lao-American Association, *Friendship Quarterly Magazine*, I:2 (April 1965), pp. 30-37.

61. Cf. note 15.

62. According to the Prince's family, this was soon after Ras'ădănăi was appointed governor; and he put his father's swords, pillows and cups there at the same time. When

K'ăm Sŭk was ruler, he used to take his place in the Hò S'ăi in ceremonial costume. On a small table beside him were a gold water pitcher and a silver betel set for his personal use during the ceremony. After Ras'ădănăi's death, his own portrait was hung next to K'ăm Sŭk's in the Hò S'ăi, and his own regalia were substituted for K'ăm Sŭk's on the veranda of the shrine at Wăt P'u and in the Golden Shrine when there was a great ceremony.

63. The people believe that all the spirits of the former kingdom of Čămpasăk gather at Basăk on the third day of the waxing moon of the fourth month at the time of the food-offering (*liang*) at P'ă Pĭn; and that they gather at Wăt P'u, the site of the ancient capital, in the sixth month at the time of the buffalo sacrifice: Basăk and Wăt P'u are the two poles of attraction in the religious complex of southern Laos. The Wăt P'u ceremony, held at the ancient holy places, reinforces the religious energy of the Basăk spirits at its source.

64. These events were not the original cause of their sense of guilt, but they sharpened it. Cao Bŭn Um's sense of guilt started in childhood; it seems likely that that of his father did too, though we have no information about it.

65. Pavie, who finally paid him a visit on August 3, 1894, found him "under the control of a minor Siamese agent"; see Auguste Pavie, *Exposé des travaux de la mission* (*Mission Pavie, Indochine 1879-95, Géographie et voyages*, t. II, Paris, 1906), p. 288.

66. Cf. Katay Sasorith, *Le Laos* (Paris, 1953), p. 50.

67. *Bulletin administratif du Laos*, 1905, p. 113.

68. The Prince's biography which I give here is based on material he himself dictated to me in January 1963. It has remained unpublished up to the present time. It now appears with his permission (see pp. 45-49, "Afterword").

69. *Dharmānusara sădĕt Čăo Bŭn Um* (Bangkok: distributed at the cremation of Princess Sŭt Sămòn, 1961).

70. Cf. above, note 10. Čăo Bŭn Um told me in September 1965 that his father Ras'ădănăi, soon after marrying Nang Čăn, brought Princess Sŭt Sămòn to Basăk with the intention of showing everyone that he considered her his favorite wife. Later on, her father Ras'ăphak'ĭnăi made her return with her child to Dòn Tălat, the village where she came from. "Whenever my father went to see my mother," said Bŭn Um, "he was so afraid of his father-in-law that he had to go up the back stairs used by women and servants."

Here we can observe Bŭn Um's ambivalent attitude towards his father. The latter hoped to repair the situation by raising the mother's prestige; but at the same time, in the mind of a prince brought up in the traditions of southern Laos, a woman who has been seduced, no matter what the attenuating circumstances may be, is none the less guilty. This is revealed by Bŭn Um's view of one of his relatives, a young woman who had been seduced by a married man. "When my family asked me to intervene," he told me, "I went to see the young woman. She was much ashamed, and crying. I said to her: 'A girl should always keep her distance and never give a man the chance to lose his head, because whether the head says yes or no, sex always says yes.' I have never spoken to her since that day, because girls must be made to behave properly."

In June 1966, when I was in Paksé looking through some documents at Bŭn Um's request, I discovered the draft of a letter, written in French, which he had sent to his sons who were students at the Ecole des Roches in Normandy. In it he attributed to his mother almost the same pitiless words he put into his father's mouth when dictating his autobiography to me in 1963 ("Don't send him back to me either blind or with only one eye; that's all I ask"; see p. 19). The substitution, which was certainly unconscious, was perhaps the result of his changing attitude towards the memory of his father and mother as he grew older.

As the Prince has authorized me to publish this letter, I give a few extracts from it here.

After reminding his sons that he has done his best for them by sending them to a famous and expensive school, he continues: "You may be curious to know what was done to your father when he was small. When I was six years old my mother took me by the arm to the Abbot of our village monastery and said to him: 'Venerable Sir, I entrust you with the care of this child. Teach him to read and write. Make a man of him as well as a good Buddhist. Don't send him back to me either deaf or with only one eye or crippled. Do anything else you like. The boy is yours from now on.' With these words my mother prostrated herself three times before the Abbot and withdrew. She went home without even looking at me. I stood there without moving, with my head bowed, feeling like a whipped dog. The Abbot, not knowing what to say to me, called a novice who was hardly any bigger than I was. The novice seized me by the arm and took me to a corner of a building where I found a mat, a blanket, three pairs of shorts, three shirts, a slate and a box of chalk, all lying on the rickety bamboo floor. That was my sleeping place, and those were my entire worldly goods, for the whole year. On that slate I learned to write, and I learned to read from a palm-leaf manuscript the Abbot turned over to me. Whenever I asked a question the monks and novices beat me without a word of explanation. In the morning when the monks went out to collect almsfood, I swept the monastery and prepared the bowls and plates. The afternoon was devoted to reading and writing. From six o'clock till ten, we studied our lessons by the light of a smoky torch. I lived this kind of life until I was ten years old. Then the government of the Protectorate opened a primary school at Čămpasăk, and my father sent me there. Whenever it was cloudy or cool, the teacher got an attack of asthma, which put him in such a bad humor that he would either beat us or send us out. That happened so often that, what with legal holidays, we worked no more than two or three days a week. On Thursdays and Sundays the teacher made us go to his house, one after another, to work in the garden, to clean the yard, to do the laundry, or to help in some other way. When I was fourteen and a half, I wondered whether I would ever learn anything. Finally I got up enough courage to go and complain to my father. He was furious, and sent me to the Lycée Chasseloup in Saigon."

The Prince had a great deal of lost ground to make up; and to add to his woes he was hurt in a football match just a month before the college entrance examinations and had to be sent to a hospital.

"So you see, my dear children," he continues, "I barely got a glimpse of French culture" [which is hardly true: he knows La Fontaine's works very well, and admires Vigny's poems], "and even now I have to sweat blood and tears if I have to make a speech or write a page in French. If I have ever amounted to anything in this life, I owe it to the common sense the peasants instilled into me. I remember as if it were yesterday how those old Lao peasants, who were so gentle and friendly, with eyes full of kindness, used to look at me, a prince's son, trudging along barefoot behind a monk, carrying his handbag, and how they used to slip a ball of sticky rice or a piece of sun-dried meat into my hand. I had to hide the food to keep the novices from taking it away from me, and I used to eat it secretly at midnight in my little corner, thinking about my mother who might be asleep at the time, or else wondering what would happen to me later. I haven't any photograph of those old peasants, but I have a picture of them in my heart. Everyone wonders why I have never taken the title of Prince or Highness very seriously: it is because I have tried all my life only to be a man, and I am not sure that I have succeeded. So you see, my dear children, that when I was very young I was cut off from the affection of those

I loved most dearly. Being brought up in a monastery meant being reduced to live on public charity. When I reached the age of reason, I did my best to catch up in my studies, but when I was on the point of succeeding I had to go to the hospital. After I grew to manhood, I agreed to sacrifice my rights, my strength and my health for the benefit of the nation. Finally, in my declining years, I see nothing but vanity, injustice, ruin and grief. If I have made up my mind to suppress my feelings of affection and tenderness toward you sufficiently to send you to study far away, in France, it is so that you may avoid falling into the same situation as your father. By this gesture I hoped to force destiny's hand. . . ."

71. This monastery no longer exists. It stood on the site of the present administrative office of the Müang.

72. On April 8, according to Arthur J. Dommen, the King was forced to issue a proclamation of independence, after a short-lived insurrection by the people against the Japanese. See Dommen, *Conflict in Laos* (London, 1964), p. 19.

73. Quoted from a statement made to me by the Prince at the end of the *bök* in 1953.

   A conversation I had with him in September 1965 seemed to confirm my impression that for him weakness, incapacity to react, and self-accusation are inextricably bound together. Here is what he said: "When I saw General de Gaulle in 1963, I told him frankly that a neutralist policy for Laos would be absurd. When I asked him if he knew the Lao translation of the word 'neutralism,' I could see that his curiosity was aroused. 'Neutralism,' I said to him, 'is called *s'ü s'ü*, which means doing nothing. A man who is *s'ü s'ü* doesn't do anything, he just rests, and you can't even tell whether he is asleep or not. Unfortunately the Lao people have a natural tendency to be *s'ü s'ü*. If you recommend neutralism to them, you will only make their inertia worse, and force them to accuse themselves.'"

   The self-accusation phase of the *bök* is a form of self-punishment, exactly as if the Prince forced himself to make a humiliating confession in public in order to discover the cause of his reverses within himself. By doing so he can free himself from the feeling of guilt by a ceremonial expulsion of evil influences. The Lao expression *bök ban čǎi* is significant: *ban* is to open like a flower, *čǎi* is the heart, and the whole expression means the relief a person feels after making a painful confession.

AFTERWORD BY PRINCE BOUN OUM

Mr. Archaimbault has asked my permission to publish this article, which includes a part of my biography, and at the same time he has invited me to make such comments on it as I may wish. I am glad to give my permission, and I shall add a few remarks, more or less at random, regarding all these stories about Southern Laos, the land in which I was born and shall probably die.

What does Basăk, as a place, mean to me? If I say it means nothing, no one will believe me, yet it is true: since the death of my father and mother it means nothing (and in fact my mother did not even live there, but at Dòn Tălat). Custom requires me to go to Basăk two or three times a year to preside over the ceremonies, which I must admit are rather a bore. A dozen years ago I thought of building a big cabin for myself, not at Basăk, but at Wăt P'u, facing the mountain with its great temple. I thought of going there to live alone, to feel as if I were starting all over again from scratch. You might think the reason was because Wăt P'u was the first capital of our kingdom, a center for pilgrimages, and all that sort of thing. No; what I had in mind was something quite different. It was a childhood memory. When I was about six years old my father took me to Wăt P'u for the Buddhist spring festival. There were boat races on the lake at night, with all the boats lighted up, and I have never seen anything so beautiful. That is the only reason I thought of going to live there.

Now that I am over fifty years old I have been thinking of building a big boat, piling it up with the manuscripts that record our old legends, and taking two or three monks along to translate them into easy language; then I would sail down the river, stopping at one village after another. Fundamentally Basăk for me is like Himlòt for my grandfather, a place he simply couldn't stand any longer, which is why he thought of escaping to Mulăpămok. The boat I was thinking about was my way of dreaming.

I believe I told Mr. Archaimbault all this a long time ago, but perhaps he was dreaming of a South of his own and didn't hear what I said. I don't mean that the story he tells isn't true. Basăk, as well as our whole history, is just as dreary and nightmarish as he says it is. In all the years I have known him, I suppose he was thinking of me mainly as a descendant of Queen Nang P'ăo, King S'òi Si Sămŭt, Čăo K'ăm Sŭk and Čăo Ras'ădănăi. As a stage setting, there was Basăk, with its

reliquary monuments of my ancestors. When I preside over the
ceremonies there, especially the boat races--when I sit alone,
all dressed up, on the veranda of the Hỏ S'ăi in front of my
ancestors' portraits, for days and days which seem like cen-
turies--of course I can't help thinking about our family history.
But the reader of this article may get the impression that I
think about these things all the time, or that if I stop thinking about them I get a feeling of guilt. It's true that for a
long time I did try to forget about them; but now that I am
older, what do all these stories of guilt mean to me?

On the other hand, what Mr. Archaimbault says about sexual-
ity in South Laos seems to me quite right. When I was young, I
traveled all over Laos, associating as much as possible with the
peasants, who are really the only people that interest me, and
I never heard anywhere else of any custom like the one started
by Nang P'ăo. To show how we feel about such things I shall
tell an old story called "Why do the coconut trees in southern
villages grow sideways?"

Once upon a time, they say, there was a very good king,
reigning in the South, who tried his best to improve his people's
morals. He was told that young men used to court their girls
at night and, while waiting for the old folks to go to sleep,
rested by leaning their backs against coconut trees, which made
the trees grow sideways. So he gave strict orders to watch all
the villages in which the coconut trees were abnormally bent
over, because that meant that the girls in those villages were
all too willing. He even had all pictures of women removed from
his palace so that he himself should not be led into temptation.

One day when he was out hunting the beaters brought back a
doe which they had just killed. They stood in front of him,
holding the dead doe hung by its feet from a pole. While he
looked at it, a strange idea took possession of him, which he
could not get rid of. He told the hunters to lay the doe down
in his camp, and sent them off to search for more game. As soon
as he was alone it was as if he were possessed by a demon, and
he made love with the dead doe. When the hunters returned, they
found him terribly depressed.

When he got back to his palace, he could not regain his
peace of mind. He kept wondering why people have such an irre-
sistible desire for the opposite sex, so he decided to ask his
advisors. As they did not know how to answer him, he got furious and had their heads cut off. Finally the only person who
remained in his palace was a poor chamberlain. "Tomorrow
evening," the king said to him, "I shall question you."

As it happened, the chamberlain had a beautiful daughter
who was so virtuous that she had always rejected any advances

the young men made to her. Seeing her father trembling with
fear, she tried to comfort him. "Don't be afraid, Father," she
said; "I asked the executioner to tell me the question the advisors couldn't answer. Tomorrow, before you go to the palace,
you must take a bath and at that time I shall tell you what
answer you must make to the king."

   The next day, when the father went down to the brook to
bathe, his daughter went with him. She undressed the old man,
who was petrified with fear at the thought of his approaching
death. Then she took off all her own clothes and started to
rub him. The old man, recovering his spirits and thinking her
behavior rather odd, said to himself: "What on earth has happened to my daughter, who has always been so virtuous?" The
girl put her hand in the right place; the father, overcome by
desire, seized her; but she put him off, saying: "What is
happening to you, Father? Don't you know that I am your
daughter?" The poor old man, much mortified, put on his clothes.
Just as he was about to start out for the palace, his daughter
said to him: "When the King asks you to explain the desire that
makes a man want a woman, just tell him what happened to you
this afternoon." The chamberlain followed her advice. "Well,"
said the King, "your answer makes me feel a lot better, because
at last I have found someone who is more guilty than I myself.
If a father goes so far as to forget the restraint he owes his
own daughter, it must be because women have some mischievous
magical power."

                    *   *   *

   For us in the South, sexual desire and aggressiveness are
bound up with the ideas we have of women. It is not the man
who is always filled with desire, it is the woman. I sometimes
wonder whether we were not ruled by some sort of matriarchy
before we settled in the South. If so, the women were the
chieftains, who hunted men down for their own pleasure, and the
men had to hide in order to escape from them. Then later on,
when we came into contact with the Khmers and the aborigines,
the women had to calm down. The Lao women are more beautiful
than the Khmer women, with paler skin, so I suppose the Khmers
used to make raids to capture Lao women to present to their
rulers. The Lao, when they migrated south from Yün-nan, had
shown the Chinese that they knew how to fight; when they settled
in the South, they said to their wives: "Keep well hidden;
stay quietly at home, so as not to bring bad luck on the tribe."
On the other hand the aborigines are terribly strict with regard
to their women; the Kha around Savannakhet have shown me the
rings which their ancestors used to put around the feet of their
women who lapsed from virtue. This could hardly help influencing

the Lao in the South. Later on, in the time of King S'ði Si Sămŭt, the monk P'onsămék introduced Buddhism, which had a moderating effect, and our women were forced to restrain themselves.

Of course all this is rather theoretical; but in any case we are always suspicious of women. Take the example of King S'ði Si Sămŭt, whose wife was a daughter of the King of Cambodia. One day she asked permission to go and see her father. She set out with her ladies in waiting, and when she returned two or three months later she informed her husband that she was pregnant. S'ði Si Sămŭt immediately suspected the worst; and when the time came for her to give birth, he exclaimed: "If the child is really mine, let him be born with some defect!" Fortunately the boy was born blind in one eye, and deaf, so the honor of the South was saved. That is how the people of the South were, and they have hardly changed since. I remember how, when I was a child, I saw girls with red marks on their clothes and red ribbons in their hair: they were "Nang P'ăo's unmarried mothers," girls who, following the bad example set by our first queen, had allowed themselves to be seduced and were then abandoned. No one had the slightest pity on those women, they were just girls who had been stupid enough to follow their hearts instead of their heads.

When I was a young man my father used to say to me: "Be careful of women, there is nothing more dangerous in the world, they are worse than microbes." He also said: "There isn't much to choose between your wife and a man who is your friend. Your friend will treat you as a stranger if you let three months go by without going to see him; but if you let three days go by without paying attention to your wife she will treat you as a stranger." So much for the problem of sex.

*   *   *

I should like to mention another point, because when I read this article I realized I had forgotten to give Mr. Archaimbault some details regarding our idea of destiny in southern Laos. Of course all of us Lao, being Buddhists, believe that every act brings its retribution. But there is a limit. You see families in which everything goes wrong for generation after generation, so that it seems their misfortunes can never end, and you have to suppose there is some sort of *karma* in which the whole family line is caught up. That is why we are all fatalists in our family. My grandfather certainly was one. When anyone asked him why he failed to act when Pavie elevated the house of Luong P'răbang over the other Lao ruling houses, he would say: "We are caught between the stench of mud and the stench of cockroaches."

Don't forget that as soon as the Siamese heard what Pavie had done they took my grandfather to Ubǒn, and from there to Bangkok, because they were afraid that France might also recognize the rights of the house of Čămpasăk. As for my father, I have already stated in my biography, a part of which is included in this article, several of his remarks that expressed his conception of life. Yet I forgot to mention one of his most characteristic sayings. "A frog," he used to say, "has to live in its hole at the bottom of a cave, but sometimes it gets disgusted with the place. It sees the dense forest in front of it, and imagines that there too it will be safe. But as soon as it leaves its cave and starts hopping toward the forest, a predator seizes the frog and eats it."

It's probably a good sign that I forgot to mention this anecdote the first time. It means that as I grow older I let myself go, I no longer have to be on guard or to be afraid of wishing some day to leave the cave in which I have been turning ceaselessly for so many years.

Čăo Bŭn Um

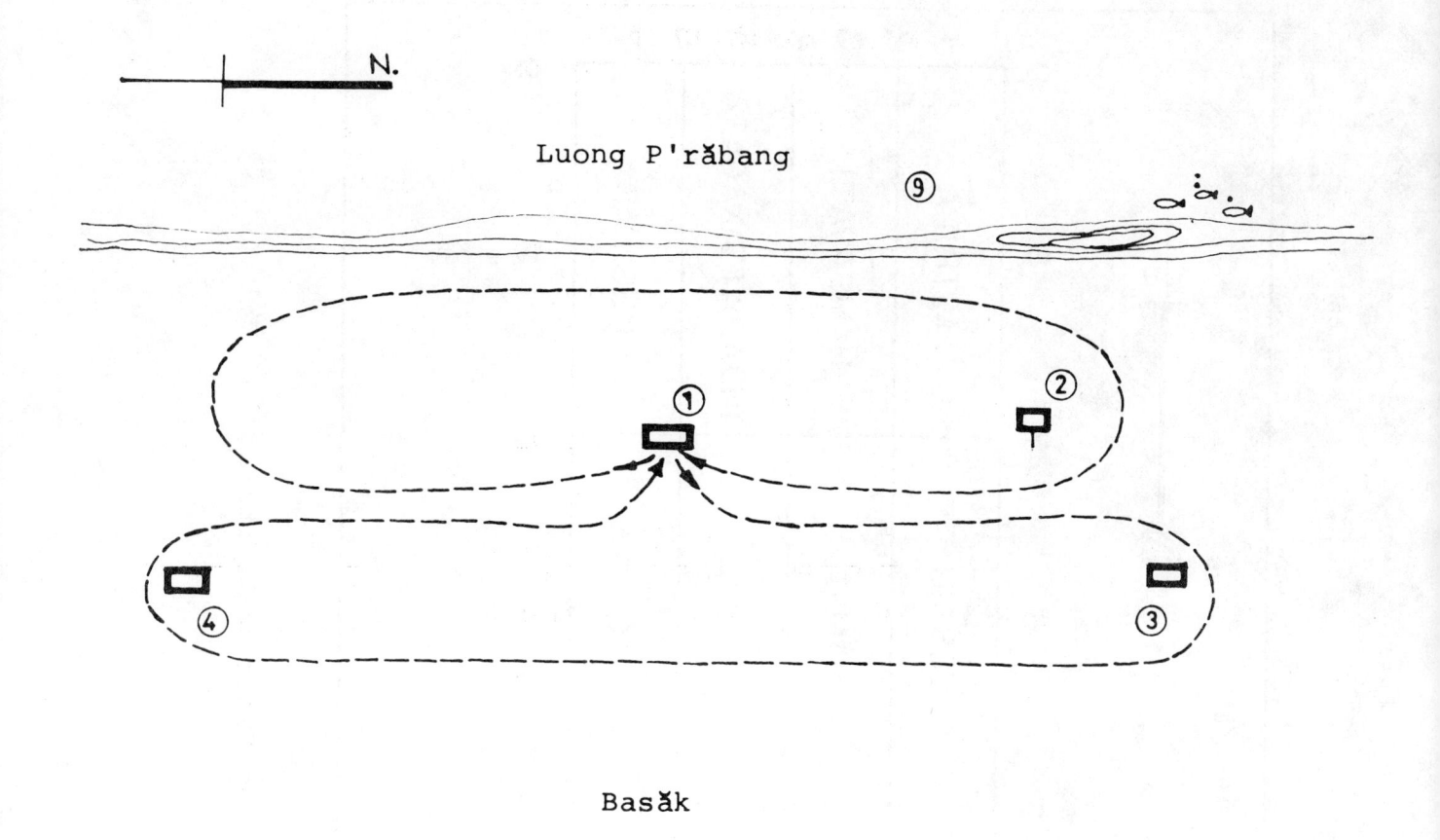

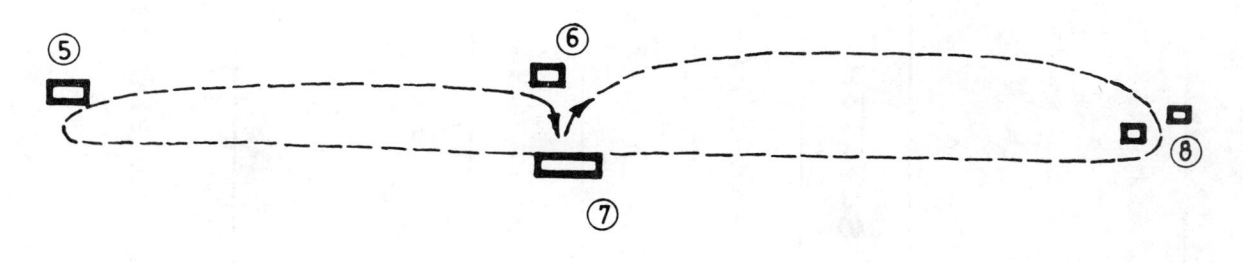

1. Wăt Măi
2. Wăt S'ieng T'òng
3. Wăt Pak K'an
4. Wăt Th'at
5. Wăt Th'at
6. Wăt T'òng
7. Hò S'ăi
8. P'ă Pĭn

9. Mêkhóng

Figure 1. Routes of the New Year's Processions in Luong P'răbang and Basăk.

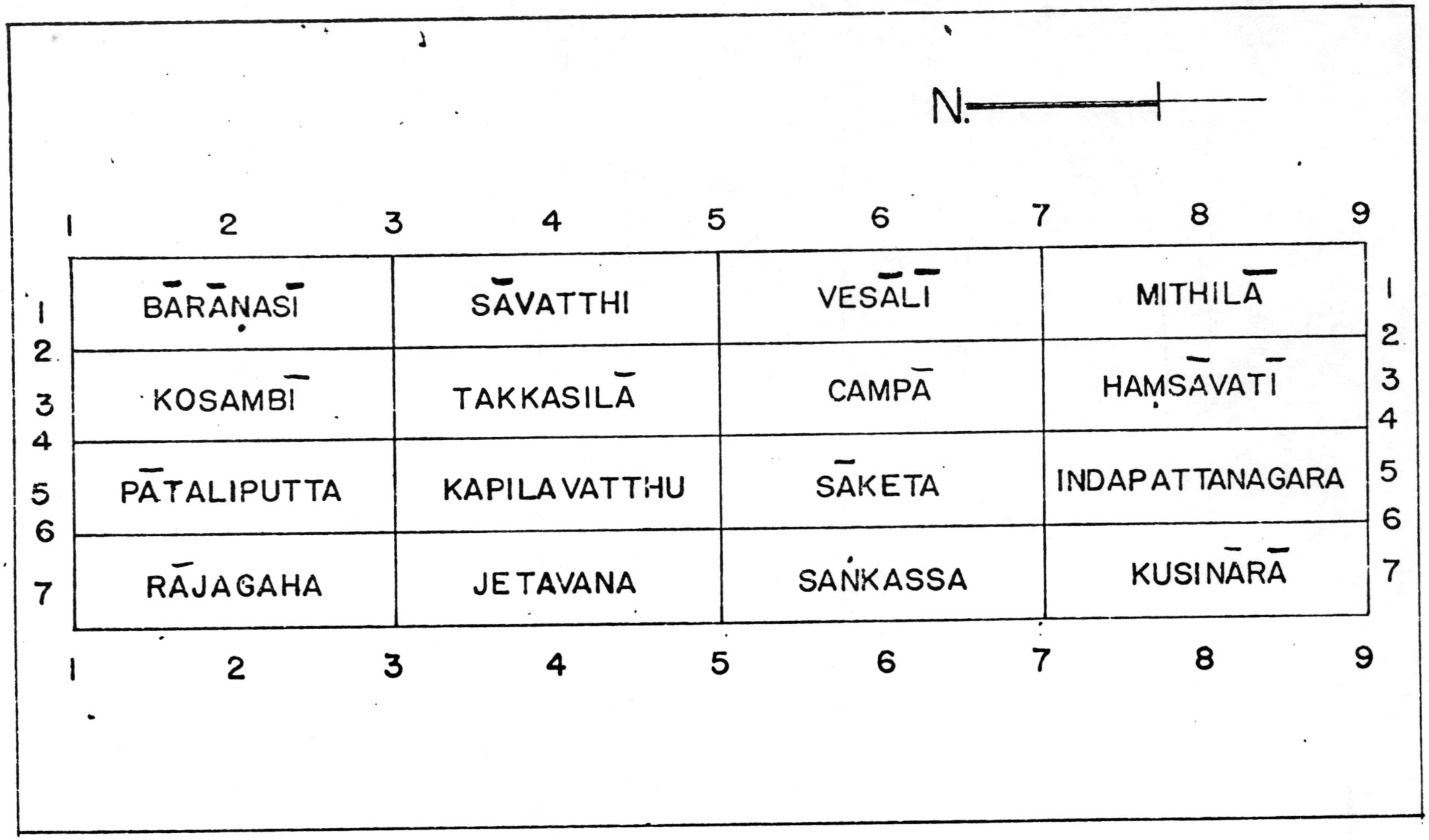

Figure 2. The Plan of "The Sixteen Capitals."

Key to Figure 2

The numbers around the sides show the position of the gates. They bore names like "Victory Gate" or "Gate of Skirmishes," as follows:

North

1. Skirmishes
2. Fortune
3. Gain
4. Loss
5. Skirmishes
6. Loss
7. Marriage

South

1. Lawsuits
2. Skirmishes
3. Gain
4. Fortune
5. Gold and Silver
6. Eye-Troubles
7. Ruin

East

1. Contempt
2. Sickness
3. Marriage
4. Gain
5. Insults
6. Loss
7. The Serpent
8. Love
9. Skirmishes

West

1. Sadness
2. Skirmishes
3. Fever
4. Gain
5. Fortune
6. Loss
7. Sickness
8. Loss
9. Unfaithful Wives

Nord

1. Porte de la Rixe
2. Porte de la Chance
3. Porte de l'Acquisition
4. Porte de la Perte
5. Porte de la Rixe
6. Porte de la Perte
7. Porte du Mariage

Sud

1. Porte des Procès
2. Porte de la Rixe
3. Porte de l'Acquisition
4. Porte de la Chance
5. Porte de l'Or et de l'Argent
6. Porte des Maux d'Yeux
7. Porte de la Ruine

Est

1. Porte du Mépris
2. Porte de la Maladie
3. Porte du Mariage
4. Porte de l'Acquisition
5. Porte des Injures
6. Porte de la Perte
7. Porte du Serpent
8. Porte de l'Amour
9. Porte de la Rixe

Ouest

1. Porte de la Tristesse
2. Porte de la Rixe
3. Porte de la Fièvre
4. Porte de l'Acquisition
5. Porte de la Chance
6. Porte de la Perte
7. Porte de la Maladie
8. Porte de la Perte
9. Porte de la Femme Infidèle

Plate 1. The prince takes his place by the master of rites in the Shrine of Preparation.

Le prince prend place à côté du maître du rituel dans l'autel des préparatifs. (Photo Coutard)

Plate 2. Salutation and offerings to the sacred reliquary. Salut et offrandes du reliquaire sacré. (Photo Coutard)

Plate 3. Monks sprinkle the prince in front of the Hò S'ăi.

Les bonzes aspergent le prince devant le pavillon de la victoire. (Photo Coutard)

Plate 4. The *bŏk* ceremony in the Hò S'ăi.
Le rite du *bŏk* dans le pavillon de la victoire.
(Photo Coutard)

Plate 5. The prince rubs his chest with a ball of rice.

Le prince se frotte la poitrine avec une boulette de riz. (Photo Coutard)

Plate 6.   The *ba si* ceremony at the Shrine of Preparation.
Le rite du *ba si* dans l'autel des preparatifs.
(Photo Coutard)

Plate 7. Before the washing of the gem-stone Buddha image, Čăo Silomé recites the "invitation."

Avant de laver le bouddha de gemme, Čăo Silomé récite "l'invitation."

Plate 8. The officiants of the P'ǎ Pǐn shrines offer their good
wishes to the prince.
Le personnel sacré présente ses voeux au prince.

Plate 9. The prince is sprinkled by the populace.
Le prince est arrosé par la population.

LA CÉRÉMONIE DU NOUVEL AN À BASĂK (SUD LAOS)

La cérémonie du nouvel an du millésime (avril-mai)[1] procède à une recréation du territoire et à une régénération du temps corrodé liées à un rituel de purification. Mais intégrées dans des complexes différents en rapport avec des mythes d'origine ou des légendes de fondation spécifiques, recréation et purification présentent, selon les sous-cultures locales, des variations particulières.

A Luong P'răbang, cette cérémonie centrée sur le culte des aïeux Ñŏ, créateurs du monde et pourfendeurs de yakṣa, accorde à un même acte, la danse archétypale, le soin de recréer le monde et de refouler les monstres de l'âge du chaos qui, aux périodes critiques où s'amorce le retour aux origines, boursoufflent le sol à l'emplacement des lieux saints les plus révérés.[2]

A S'ieng Khwang, la fête du Nouvel An, coupée de tout mythe d'origine,[3] n'est plus en rapport qu'avec l'Histoire: la réinstauration du Müang au XIVe ou au XVe siècle par l'ačan T'ămmăk'atha (ācāriya Dhammagāthā) qui aurait, selon les annales, délimité la cité et exorcisé les puissances maléfiques; la retraite du saint ermite, le prince Čăo K'ăm Kŏt qui, à une période troublée, dédaignant le trône, prit le froc et abandonna le palais pour les grottes de Čăp et de Măt.[4] D'où l'aspersion rituelle de deux pachydermes statufiés qui commémorent la victoire remportée par l'ačan sur les éléphants maléfiques qui perturbaient la contrée avant l'instauration de la cité[5] d'où également cette offrande de cierges aux grottes où vécut le fils du roi S'ŏmpu.[6]

Refoulés en dehors de la cité, les mauvais génies errent cependant dans la brousse, sur les monts. C'est pourquoi il suffit, lors du Nouvel An, pour s'en protéger, de façonner, aux quatre orients, des fortins de sable.[7] Mais comme la science léguée par l'ancient ačan est aussi efficace sinon plus que les prières bouddhiques, la dévotion populaire confie, aux religieux chargés de consacrer ces reliquaires éphémères, une lame d'acier qui les protégera contre les mauvais esprits.[8]

A Basăk, centre de l'ancien royaume de Čămpasăk[9] reinstauré au XVIIIe siècle par un chef des bonzes prestigieux, puis par un descendant des rois de Vientiane, qui tentèrent de remédier aux troubles déclenchés par la faute d'une des premières héritières du trône,[10] la cérémonie met l'accent sur un rituel de purification qui accorde, non plus à des ancêtres démiurges, mais au représentant de la chefferie, le soin de laver la contrée de toutes les souillures qui l'entachent et d'amorcer ainsi le processus de régénération.

La période du nouvel an du millésime comprend:

1) le jour de la *sphuṭamahāsaṅkrānti* marqué, pour les astronomes, par le passage du soleil vrai à l'équinoxe vernale et qui porte en laotien le nom de *sǎngkhan pǎi*: (jour) où l'année s'en va;

2) l'intervalle d'un ou deux jours--selon le millésime-- nommé *mü nǎo*: jours intermédiaires;

3) le jour de la *madhyamamahāsaṅkrānti* ou passage du soleil moyen à l'équinoxe vernale que les laotiens appellent *sǎngkhan khün*: (jour) où la nouvelle année commence.

Pour le paysan de Čǎmpasǎk qui ignore tout des données astronomiques, la fête du Nouvel An du millésime célèbre le voyage du soleil, fils de Nang Suvaṇṇā. Selon une légende tirée du texte *Sǎngkhan*, une vieille mendiante nommée Suvaṇṇā vint, un jour, au bord du fleuve pour se baigner. Elle aperçut un bonze qui n'osait procéder à ses ablutions, faute d'une pièce d'étoffe pour cacher sa nudité. Elle lui donna la seule écharpe qu'elle possédait. Quand le bonze se fut baigné, elle lui offrit les mets qu'elle avait reçus en aumônes. En récompense de mérites ainsi acquis, elle vint renaître en ce monde sous les traits d'une jeune fille splendide. Elle eut quatre-vingts maris venus des huit orients et mit au monde huit enfants. l'aîné, qui possédait un corps lumineux, fut nommé Soleil. Les autres reçurent les noms de Lune, Mars, Mercure, Jupiter, Vénus, Saturne et Rahu. Le soleil devint roi et la lune fut reine. Rahu, doué d'une intelligence subtile, demeura auprès de son frère comme précepteur. Les autres veillèrent sur le palais et les divers départements. Au 5e mois ou au 6e mois, ajoute la légende,

> la pluie tombe et mouille les arbres, l'année prend fin, le Nouvel An arrive. On dit que le soleil quitte son palais. ... Mais avant de quitter son royaume, il convoque tous ses dignitaires et leur demande quelle position il doit adopter durant le voyage et quelle monture il doit choisir. "Si Votre Majesté se tient debout, répondent ses conseillers, le monde des hommes sera exposé à la sécheresse et la famine régnera. Les princes déserteront le pays. Si Votre Majesté s'allonge, le monde sera en proie aux épidémies, mais si elle se couche sur le flanc, le monde connaîtra, la prospérité. Si elle choisit le lion comme monture, le peuple sera opprimé par les fonctionnaires. Si

elle fait appel au garuḍa, les orages ravageront la contrée. Si elle monte sur un éléphant, les pachydermes se multiplieront. Si elle se déplace sur un nāga, le choléra décimera la population, mais si, par contre, elle voyage sur un char de gemme, le peuple connaîtra le bonheur, la paix." Le soleil prend alors congé de ses frères, de la reine qui lui offrent un "plateau des âmes".[11]

Une suave harmonie flotte dans l'air. Le jour fixé pour le départ du soleil porte le nom de *sằngkhan pằi*, mais avant de revenir dans ses états, le jour du *sằngkhan khữn*, le monarque s'arrête un ou deux jours dans le pavillon de la victoire. Ce sont ces jours consacrés au repos du soleil qui portent le nom de jours intercalaires ou *mữ nằo*.[12]

Le matin du *sằngkhan pằi*, les habitants de Basằk procèdent à domicile ou au bord du fleuve, à leurs ablutions.[13] Les ménagères balaient avec soin leur demeure, lavent le linge, exposent à l'air les vêtements. Par ces soins minutieux, elles expulsent les pestilences accumulées durant l'année.[14]

Pendant ce temps, dans tous les wằt de la localité, les bonzes sortent bouddha et orants qu'ils attachent aux montants des pavillons réservés aux sermons ou alignent sur des tables décorées d'arceaux de feuillage, dans la cour des pagodes. A 15 h. les notables et les gens de peuple se réunissent dans l'enclos du Hò S'ằi [*s'ằi* = jaya] ou Pavillon de la Victoire, d'où le représentant de la chefferie contemple, au 11e mois, la course de pirogues. Ce Hò S'ằi, qui figure sur une des planches de l'atlas de Francis Garnier, est situé juste en face de l'emplacement de l'ancien palais de Čằo K'ằm Sữk, l'aïeul de Čằo Bữn Um, le représentant de la chefferie. Situé à égale distance de la porte nord et de la limite sud du Mữang, ce Pavillon de la Victoire représente en quelque sorte le nombril de la Cité. C'est en ce lieu que jadis, lors des épidémies, Čằo K'ằm Sữk faisait, dit-on ériger près du "plateau du règne" orné d'un de ses costumes d'apparat et des regalia, la chaire où, durant trois jours, des bonzes récitaient des prières pour purifier la contrée.[15] C'est ce qui explique qu'en ce jour du *sằngkhan pằi* la procession chargée du rituel de lustration parte de ce centre. Čằo Bữn Um, vêtu d'une veste de cérémonie blanche et d'un sampot de soie bleue, prend avec sa famille la tête du cortège. Devant lui marchent quatre tambourinaires et un notable, l'ačan Ku Nu de Wằt T'at (*t'at* = dhātu) qui tient une grande coupe contenant des cierges, des fleurs de frangipanier et des baguettes d'encens. La procession se dirige directement sur Wằt Lằk'ồn à un kilomètre au sud du Hò S'ằi. Les lustrations auxquelles va présider le prince s'inscrivent en effet dans un cadre bouddhique dont Wằt T'at, où s'élève le *čedi* (cetiya) du fondateur spirituel[16] qui introniza l'ancêtre de la chefferie, représente le pôle religieux. Mais Wăt T'at qui marque l'emplacement de l'ancienne cité de S'ŏi Si Sămŭt ne constitue plus de nos jours que la porte extrême sud du Müang, à quatre kilomètres du Hŏ S'ăi. Or en ce jour du *săngkhan păi*, l'aspersion des bouddha par Čăo Bŭn Um doit régénérer le centre de la localité, ce qui explique que Wăt Lăk'ŏn à laquelle ne s'attache aucune légende de fondation particulière et qui ne présente aucune valeur spéciale pour la chefferie soit choisie, uniquement à cause de la distance relative qui la sépare du Pavillon de la Victoire, comme la limite sud. Autrement dit, tout se passe comme si resserrant l'espace, on opérait une translation de Wăt T'at à Wăt Lăk'ŏn qui joue, de ce fait, le rôle de porte sud. La place réservée à l'ačan de Wăt T'at dans le cortège contribue à assurer magiquement le transfert.

Aucune cabine de bain n'est dressée au seuil même de la pagode; le prince pénètre donc directement dans l'enclos sans s'être purifié au préalable.[17] Dans la cour du wăt, sur une table jonchée de bouddha, un serviteur dépose une aiguière d'argent pleine d'eau parfumée. Le prince prend, des mains de l'ačan Ku Nu, la coupe sur laquelle il fixe deux cierges allumés. Il s'accroupit devant la table, lève la coupe à hauteur de son front et prononce intérieurement une parole de vérité pour demander au Bouddha de protéger la principauté. Il repose la coupe et arrose les statues avec l'aiguière. Il se dirige ensuite vers les grands bouddha de bois doré qui se dressent, figés, à l'entrée de la pagode. Il les asperge. Ces lustrations doivent, dans l'esprit du prince, engendrer des mérites. Elles régénèrent en outre les forces spirituelles de la principauté. Il repose l'aiguière sur la table et tend la coupe au porteur. Ses parents, les notables, les paysans aspergent à leur tour les bouddha, disciples et orants. Les uns--les membres de la famille princière--avec l'aiguière qu'un serviteur remplit à mesure, les autres avec de simples coupes d'eau parfumée de *sŏmpŏi* (acacia concinna) qu'ils ont préparées à domicile. Comme goupillons, ils se servent de fleurs de frangipanier. Pour les paysans de la localité, ces aspersions ont surtout pour but de procurer, avant les premiers travaux agraires, de bienfaisantes ondées. Les bonzes qui assistent à ces rites ne sont point aspergés, contrairement à la coutume du nord Laos ou du Siam. A Basăk, comme à S'ieng Khwang, en effet, les bonzes ne sont arrosés rituellement que lors des cérémonies d'ordination. Le cortège se reforme et gagne ensuite Wăt Amat, à quelques centaines de mètres au nord de Wăt Lăk'ŏn où les princes et les fidèles procèdent aux mêmes lustrations. A Wăt T'ŏng, pagode royale que fit construire Čăo K'ăm Sŭk et qui s'étend derrière l'ex-palais, le prince est reçu par le chef des bonzes. C'est dans l'enclos de cette pagode que s'élèvent les reliquaires de l'aïeul et de Čăo Ras'ădănăi [Rājatanaya], père du prince, d'où l'importance que revêt, aux yeux de la chefferies, ce wăt royal. Le notable qui ouvre la marche remet au prince la coupe. Ce dernier s'accroupit au pied des marches que surmonte une arche de verdure. Le chef des bonzes assisté de deux religieux se place sur la marche la plus élevée et récite le *Jayanto*. La récitation terminée, le prince se prosterne coupe en main, puis se dirige vers les bouddha de bronze placés sur le seuil. Il lève la coupe, prononce intérieurement une invocation pour la protection du territoire, puis asperge les statues au moyen de l'aiguière, il accomplit ensuite les mêmes rites devant de minuscules bouddha de verre qui jonchent une table, dans la cour du sanctuaire. Les lustrations populaires terminées, la procession se dirige sur Wăt Mŭang Sĕn qui abrite la précieuse statue du bouddha de bronze fondue en 1738 par les fils du grand roi S'ŏi Si Săműt. Cette pagode située à 1 km au nord du Hŏ S'ăi constitue, en ce jour, la limite septentrionale de la cité. Après les aspersions, le prince escorté des notables et des gens du peuple regagne sa demeure sous un véritable déluge. Massées le long de l'unique rue transversale, les jeunes filles armées de coupes d'eau tentent d'asperger le prince. Quand elles y parviennent, elles poussent des cris de triomphe.

Selon la croyance populaire, plus le prince sera arrosé, plus les pluies seront abondantes et l'année fertile. Jadis, sous le père du prince, le rôle dévolu à l'élément féminin, dans le rituel de fertilité, était plus important. Dans chaque quartier, des luttes à la corde opposaient filles et garçons; les femmes gagnaient obligatoirement. Ce jeu rituel qui opérait un renversement temporaire de la société avait pour fonction de provoquer la pluie telles de nos jours les aspersions. Il est vraisemblable en outre qu'il esquissait la première phase de la recréation du Mŭang. Mais comme dans la cosmogonie du sud cette recréation est liée à la faute d'une fille des dieux, la victoire du clan féminin ne pouvait que réactiver le souvenir de la faute ou des fautes même--puisque la reine Nang P'ăo imita la fille du roi des divinités--qui sont à l'origine de la chefferie. C'est ce qui explique vraisemblablement que ces jeux qui se poursuivaient le matin du jour intercalaire prenaient immédiatement fin dès que le prince procédait au rite d'expulsion des malheurs.[18]

Devant la résidence du prince dont la fondation remonte à son père, fonctionnaires et paysans se dispersent. Chacun regagne sa demeure, puis asperge les bouddha de son propre quartier. Il n'existe point en effet à Basăk de lustrations croisées comme à Luong P'răbang.[19] Sous la véranda de la maison princière, les musiciens de Čăo Bŭn Um font cercle devant une table sur laquelle sont alignés les bouddha personnels de la chefferie à l'exception du "bouddha de gemme",[20] palladium de la principauté qui ne sera exposé que deux jours plus tard. Aux accents de l'orchestre, le prince puis les membres de sa famille aspergent les statues. Durant la lustration, respectueusement, les soeurs de Čăo Bŭn Um demandent à leur frère la permission de l'arroser.

Ce soir-là, dans toutes les demeures, les ménagères s'affairent. Elles doivent en effet cuire les mets pour le lendemain, car le jour intermédiaire, il est interdit de procéder aux besognes domestiques sous peine de tomber malade ou de faire faillite dans l'année.[21]

Le jour intercalaire est consacré au *bök*, l'expulsion de toutes les pestilences et puissances maléfiques qui souillent le Müang.[22] Comme il ne s'agit plus de purifier simplement le centre de la cité mais d'assainir toute la localité, le rituel se déroulera donc entre les deux portes religieuses du territoire et en observant cette fois-ci l'axe nord-sud.

Le matin à 9 h tous les habitants se réunissent au Pavillon de la Victoire pour escorter le prince au village de P'ă Pĭn. Situé au nord, à 4 km du Hŏ S'ăi, ce simple hameau détient en fait les autels des grands génies protecteurs de la principauté et constitue ainsi le pôle religieux non bouddhique de Basăk. Si des raisons historiques et religieuses ont fait de Wăt T'at la porte sud de Čămpasăk quels sont les motifs qui ont fait élire P'ă Pĭn situé aussi loin du centre comme siège des génies gardiens? Si l'on en croit le légende, quand en 1874, Čăo K'ăm Sŭk renouant avec la tradition de S'ŏi Si Sămŭt, transféra sa capitale--établie à 6 km en amont--plus au sud, près des anciens lieux saints, il demanda à des géomanciens de tracer les contours de la nouvelle cité. Délimitant le terrain sur une longueur de 7 km de façon à englober le village de Wăt T'at qui était demeuré pour les communautés du sud un sanctuaire révéré et le village de P'ă Pĭn au nord-est[23] où les émigrants avaient fait une pêche miraculeuse, les experts divisèrent le territoire ainsi formé en seize rectangles selon le plan dit "des seize capitales".[24] Ils prescrivirent alors au prince d'ériger son palais au centre à un endroit situé sur la ligne de démarcation entre la ville de Sawăthĭ (Sāvatthi) et celle de Wesalĭ (Vesāli). Le village de P'ă Pĭn correspondant à la ville de P'aranăsi (Bārānasī) fut choisi comme emplacement des autels des "Phi Măhésăk", c'est-à-dire des génies doués d'une grande puissance (Pali: Mahesakkha). Cette expression réservée en général aux anciens dignitaires chargés jadis de l'administration d'une localité et qui, par suite de leurs actes de bravoure ou de leur fin tragique, sont devenus des génies protecteurs de villages, désigne, à Basăk, les Thên ou grandes divinités qui, après avoir aménagé le Müang et en avoir confié la direction à une famille choisie parmi les plus vertueuses, reçurent l'ordre du roi des dieux de demeurer en ce lieu pour protéger le royaume qu'ils avaient fondé.[25] Ces génies disposent de deux autels sis au centre même de P'ă Pĭn, non loin du fleuve, dans un enclos: "l'autel d'or" et "l'autel des préparatifs". Le premier, résidence permanente des Phi Măhésăk est strictement interdit à toute personne n'appartenant pas au personnel sacré. Le second par contre considéré comme le réfectoire des génies, le lieu où ils daignent entrer en contact, par l'intermédiaire des médiums, avec les habitants est ouvert, à tout venant, lors des grandes cérémonies. C'est vers ces autels précisément que se dirige le cortège. En tête marchent quatre tambourinaires, des licteurs porteurs de sabres, de verges et de lances, et le chef de village de P'ă Pĭn tenant une coupe d'offrande. Le prince et les membres de sa famille suivent à dos d'éléphant. Un grand parasol rouge faisant partie des insignes de dignité remis jadis à Čăo K'ăm Sŭk par le roi de Siam signale, à l'attention de tous, le représentant de la chefferie. Notables et gens du peuple ferment la marche. Dès que le prince a mis pied à terre, dans l'enclos, Nai Dĕng le maître du rituel[26] l'aide à gravir l'escalier de "l'autel des préparatifs" (Plate 1). Čăo Bŭn Um demande alors, au chef du village, la coupe d'offrande qu'il remet à Nai Dĕng puis il s'assied en face du reposoir des Thĕn après s'être prosterné trois fois. Le maître du rituel fixe deux cierges allumés sur la coupe et murmure: "Nous les serviteurs qui avons la charge d'allumer la cire, de rouler les cierges,[27] nous venons vous avertir, Seigneurs, nous venons vous mettre au courant: le prince et ses parents viennent vous présenter leurs respects à l'occasion de la nouvelle année. Il faut que vous assuriez la surveillance. Demain on procédera au rite de "l'accueil des âmes". Aujourd'hui le cortège va a Wăt T'at. Il faut que vous surveilliez, Seigneurs, ce cortège et que tous les habitants du Mŭang demeurent en bonne santé!" Il offre ensuite de l'alcool aux Thĕn, simple libation faite à travers le trou du plancher, sous le reposoir. Il prend ensuite, dans la coupe, des cierges et des fleurs qu'il remet à deux auxiliaires chargés de procéder au même rite d'avertissement dans l'autel principal et chez la secrétaire des génies.[28] Il répand ensuite les cierges et les fleurs de la coupe sur le reposoir des Thĕn. Un serviteur remplit à nouveau cette coupe de cierges et de fleurs et la remet au chef du village de P'ă Pĭn. Le prince quitte l'autel, se hisse sur sa monture, le cortège rebrousse chemin, traverse le ruisseau P'ă Bang à sec en cette saison et atteint Wăt T'at. Le prince met pied à terre et, sans aucune purification préalable, pénètre directement dans l'enceinte du wăt en ruine d'où surgit le Th'at du protecteur de S'ŏi Si Sămŭt (Plate 2). Tandis que les membres de sa famille se groupent au pied du reliquaire, près du seuil, le prince prend quelques cierges dans la coupe du notable et les fixe sur le piédestal du T'at, face au nord-est, comme s'il mettait ainsi magiquement en rapport le reliquaire et les grands autels de la principauté. Un ačan de Wăt T'at accroupi à sa gauche lit le texte du "salut et offrande au reliquaire sacré". Il prononce lentement, détachant chaque syllabe pour permettre au prince et à sa famille de répéter la prière en chœur: "Aux bienheureux et aux saints qui possèdent une connaissance parfaite, à la loi que le bienheureux a prêchée, aux disciples du bienheureux qui ont eu une conduite parfaite, nous venons présenter des offrandes en signe de respect. Que le bienheureux qui a obtenu le Nirvāṇa accepte les présents de tous ces pauvres gens et qu'il accorde son assistance à tous les fidèles massés (là) derrière!" Un serviteur tend alors une aiguière d'eau au prince qui arrose le socle du reliquaire. Le cortège se dirige ensuite sur Wăt T'ŏng, au centre de la cité. Dans la cour de cette pagode, le prince allume des cierges sur les *t'at* et reprend sa place dans le cortège. Arrivé au Pavillon de la Victoire, il s'arrête au pied de l'escalier, descend de sa monture et s'accroupit entre deux tables décorées d'arceaux de verdure sur lesquelles quatre bonzes de Wăt T'ŏng se tiennent debout. A leurs pieds sont déposés deux bols à aumônes remplis d'eau parfumée. Ils trempent dans ces bols des rameaux de K'ŭn (*cassia fistula*) et de ño (*morinda citrifolia*) et aspergent le prince tout en récitant le *Jayanto* (Plate 3). Čăo Bŭn Um, un ačan--celui qui aspergera le lendemain le bouddha-palladium de la principauté--et les religieux montent dans le Pavillon de la Victoire. Les bonzes s'asseoient sur des nattes, à droite, le visage tourné vers le prince qui, assis à gauche, mains jointes, regarde en direction de l'ouest de façon à ce que toutes les impuretés dont il s'est chargé en parcourant la cité disparaissent au couchant (Plate 4). L'ačan demeure sur le seuil. Des serviteurs placent devant les bonzes des soucoupes contenant de menues offrandes, et, à proximité du prince, deux radeaux couverts de feuillage portant le nom de *kăt'ŏng-bŏk*, c'est-à-dire récipients (en tronc de bananier) pour l'expulsion (des pestilences). Chacun de ces radeaux contient un casier de mets sucrés et salés, de riz colorié en noir, en jaune, en rouge, destinés à attirer les diverses espèces de génies. Ces *kăt'ŏng* recèlent en outre une vieille corbeille de riz gluant qui abrite deux minuscules effigies en bois; l'une revêtue d'un sămpŏt représente le prince et la population masculine du Müang. L'autre drapée d'une jupe symbolise la princesse et l'élément féminin de la population. Ces statuettes sont consacrées à tous les esprits maléfiques qui désireraient prendre pour serviteurs ou servantes des habitants de Basăk, entraînant ainsi leur perte. Ces simulacres détourneront l'attention des génies. Entre les deux radeaux est posé un panier vernissé rempli d'eau. Le prince pique un cierge allumé sur l'un des montants de chaque radeau, il se prosterne trois fois devant les religieux. Les bonzes récitent "*Namo, Pahūm, Kāruniko, Bha vantusāra*" et puis le *Parimāta* et le *Parimāna*. Après les prières, l'ačan se retire et un serviteur tend à Čăo Bŭn Um une boulette de riz gluant dont il se frotte le corps en murmurant: "Allez, partez déménagez tous maintenant! Mangez je vous prie ces mets d'adieu (*k'üang sŏng k'ien*) que je vous offre et que le pays soit prospère" (Plate 5). Il jette ensuite la boulette dans l'un des radeaux qu'un serviteur abandonne au fil de l'eau. Il accomplit ensuite le même rite avec une seconde boulette qui est posée dans le deuxième radeau qu'un serviteur porte à l'orée du village. La place qu'occupaient les radeaux dans le Pavillon de la Victoire est ensuite lavée à l'aide de l'eau contenue dans le panier. Telle est l'ultime phase de ce rituel d'expulsion, rituel complexe qui tend à évoquer la puissance des médiums--chassant les pestilences (bŏk) ou renvoyant les génies (sŏng k'ien)²⁹--tout en soulignant la faiblesse de l'exorciseur contraint, comme tout être menacé, de recourir au sia k'ŏ [k'ŏ = graha].³⁰

Le lendemain, jour du săngkhan khün ou de la nouvelle année, les bonzes de Wăt T'ŏng se réunissent à 7 h. au Pavillon de la Victoire. Le prince et les habitants viennent leur offrir des boules de riz et des fruits. Pendant ce temps à P'ă Pĭn, Nai Dêng le maître du rituel allume deux cierges sur le reposoir des Thên dans "l'autel des préparatifs". Il en fixe deux autres sur un second reposoir réservé aux maîtres du rituel (čăms) défunts, c'est-à-dire aux anciens maîtres qui ont enseigné les techniques cultuelles à leurs successeurs auxquels, moyennant offrandes, il assurent, lors des cérémonies, une mémoire fidèle des formules sacrées et des rites.³¹ Il se prosterne et récite: "Nous les serviteurs qui avons la charge d'allumer la cire, de rouler les cierges, nous venons nous prosterner devant vous Seigneurs de cet autel à l'occasion de la nouvelle année, du mois nouveau. Nous venons vous avertir que nous allons retirer la cire, les cierges. Nous venons vous demander la permission de laver les reposoirs, l'autel."³² Il ôte alors toutes les offrandes qui jonchent les reposoirs, époussette ces derniers et balaie l'autel qu'il asperge avec de l'eau parfumée. Ses auxiliaires, entre temps, accomplissent la même tâche à "l'autel d'or" et chez la médium du secrétaire des grands génies.

A 8 h. les serviteurs des grands autels fabriquent des emblèmes d'interdits à neuf étages (tăléo)³³ tandis que les Nang Têng ou préparatrices disposent la coupe d'honoraires du médium³⁴ et dressent les plateaux de mets.³⁵ Avant de prendre leur repas, en public, dans "l'autel des préparatifs", les Thên dejeûnent en privé, aussi l'un des auxiliaires de Nai Dêng dispose-t-il, à l'intérieur de "l'autel d'or", trois plateaux.³⁶ Il fixe des cierges allumés sur la coupe d'argile qui repose en permanence dans le sanctuaire ainsi qu'un cierge sur chacun des plateaux, consacrant ainsi les mets aux génies. Il se prosterne trois fois et murmure: "Salut! c'est moi votre serviteur chargé d'allumer la cire, de rouler les cierges. Aujourd'hui c'est le Nouvel An, le prince va procéder aux rites selon la coutume annuelle." Il aligne ensuite quatre bols de dessert sur "le mât des cornacs", à l'entrée de l'autel, où les grands génies sont censés attacher leurs divines montures³⁷ et il allume deux cierges sur les montants. Un quart d'heure plus tard--la durée d'un repas divin ne dépassant pas celle d'un repas humain--il éteint les cierges, retire les plateaux, attache deux tăléo à neuf étages ainsi que des feuilles de ño (morinda citrifolia)³⁸ à la porte de l'autel. Deux autres tăléo sont liés au "mât des cornacs". Pendant ce temps, un second auxiliaire offre un plateau de huit bols au secrétaire des génies dans la maison du

médium et renouvelle les *tăléo* du reposoir. A l'intérieur de
l'autel des préparatifs, Nai Dêng place la coupe d'honoraires
et une assiette contenant des cierges entourés de papier doré
et argenté, sous le reposoir des Thên, aligne le restant des
plateaux préparés par les Nang Têng puis change les *tăléo* des
Thên et des maîtres du rituel défunts.[39] Vers 9 h. le médium
ou *mò t'iem*, c'est-à-dire le docteur-attelé (aux génies), pénètre dans l'autel ainsi que la famille princière et les villageois. Il prend place devant la coupe d'honoraires et incarne
le supérieur des Thên de Basăk: T'ên K'ăm.[40] Dès que le génie
a pris le médium pour monture, Nai Dêng asperge le *mò t'iem*
d'eau parfumée puis présente les plateaux sur lesquels les
cierges mettent une touche de lumière. Le médium hume les mets
puis répond aux questions de la famille princière et des villageois.[41] A 10 h. le maître du rituel pose devant le médium une
coupe de *ba si* chargée de cinq bols de riz sucré et supportant
six coupes superposées entourées de fil de coton, ornées de
cornets en feuilles de bananier, de fleurs d'hibiscus et de
frangipanier. La coupe du sommet garnie de riz, de fruits,
parée de feuilles et d'écheveaux de coton est surmontée de deux
oeufs et de deux cierges allumés. Le médium entouré de tous
les fidèles se place, devant la coupe, le dos tourné au reposoir, la main droite effleurant le plateau (Plate 6). Un *ačan*
faisant fonction de *mò p'òn*, c'est-à-dire docteur (*mò*) en voeux
(*p'on* = vara) se prosterne devant la coupe, face au médium, et
récite la formule du *ba si*:[42] "Gloire! Gloire! Aujourd'hui
est un jour faste, un jour sous le signe de la puissance, de la
gloire, de la prospérité, de la fortune, un jour favorable, parfait, placé sous le signe de la victoire, du bonheur. Obtenez
la puissance et soyez vainqueur des envahisseurs, des ennemis!
Ecartez les mauvais présages, le mal! Soyez un monarque doué de
parole efficiente, obtenez chaque jour un *mün* (12 kg) d'or,
obtenez chaque jour dix mille esclaves! Maintenant je vais inviter les bons monarques à venir vous aider à chasser les malheurs pour qu'ils disparaissent devant vous. Je vais les inviter pour qu'ils viennent vous aider à obtenir la chance; ainsi
naîtra en vous une force supérieure à celle de tous les habitants
du Müang.[43] Maintenant je vais inviter Thǎo Bŭn Rüang qui règne
sur le royaume de Sisăkhet, à l'extrémité du grand royaume de
Čămpasăk à venir nous aider à soulever jusqu'à la hauteur de
notre cou le plateau des âmes (dédié) aux génies-ancêtres. Je
vais lui demander son aide pour que nous levions le plateau des
âmes des ancêtres jusqu'à la hauteur de notre tête. Les vieux
dignitaires disent qu'aujourd'hui est un jour faste, un jour
favorable, un jour où les éléphants noirs se transforment en
éléphants blancs et où le paddy se transforme en riz blanc.
C'est aujourd'hui que la gentille Sida épouse le bon, le beau,
l'adoré K'at't'ănăm,[44] que le paon d'or se penche au commet de
la falaise, que les fleurs entr'ouvrent leurs pétales plissés.
... Jusqu'au ciel s'élève le bruit de la foule qui vient soulever le plateau des âmes. Que vous ayez la puissance et que
vous triomphiez de tous les ennemis!"

Il prend de l'écheveau qui surmonte le plateau de *ba si* des
fils de coton dont il balaie les poignets du *mɔ̀ t'iem* pour chasser les malheurs, puis il cheville les âmes du médium.[45] Le
mɔ̀ t'iem fait ensuite ce même rite du *phuk khên* (attacher les
poignets) aux maîtres du rituel, à l'ačan et au prince. Le
personnel sacré subalterne lie ensuite les poignets de tous les
assistants. Le médium jette trois pincées de riz sur sa coupe
d'honoraires, procédant ainsi au renvoi de T'ên K'ăm. La cérémonie est terminée. Le personnel sacré, la famille princière
et les notables mangent les mets laissés par les génies, puis
regagnent leurs demeures pour procéder au *ba si* familial.[46]

A 11 h. 30, dans la pièce d'honneur de la maison princière,
tous les notables du village se réunissent. Les femmes passent
dans l'arrière-salle offrir leurs voeux à la parenté féminine
du prince. Les serviteurs alignent quatre plateaux "des âmes"
à sept étages encastrés dans des supports de bambou. Les coupes
du faîte contiennent outre un grand cornet en feuille de bananier, des cierges, du riz et deux oeufs. Le prince s'assied
près du plateau central. En face de lui prend place l'ačan qui
sera convié l'après-midi à réciter devant le palladium de la
principauté les prières bouddhiques. A côté de ce docteur en
voeux est posé un bol dit "coupe de présents" qui contient une
banane, un écheveau de coton, un flacon de parfum et des cierges;
cette coupe a été offerte par les membres de la famille princière. L'ačan allume deux cierges sur le plateau central et
sur le bol qu'il lève à la hauteur de son front. D'une voix
chevrotante il psalmodie "les voeux royaux": "Que les voeux
fortunés, efficaces, que le couronnement divin, que la puissance
suprême, que la gloire prestigieuse soient le lot des nombreux
nāga, garuḍa, des hommes, des gandharva, des yakṣa, des génies
protecteurs, d'Indra, du roi des enfers! (Ce jour) est placé
sous un astre favorable; c'est le jour de la chance, de la
gloire; c'est le jour précieux. Ce jour n'est point exposé aux
atteintes du "fusil venimeux" d'Indra. Ce jour n'est pas inclus
dans les lignes néfastes (tracées) par le devin (sur son
tableau). La planète dont l'influence s'exerce sur ce jour est
pure, faste. C'est le jour où la victoire atteint son summum.
Il faut que vous écartiez de vous, Seigneur, la cupidité, la
colère, l'erreur. Que les troupes de Māra, que les cinq cents
péchés s'écartent de vous! Que vous viviez longtemps! Que vous
ayez le teint frais, éclatant! Que vous connaissiez un bonheur
parfait! Que votre puissance en mérites soit incommensurable!
Que la chance vous favorise! Ayez pour épouse une reine parfaite et dévouée! Qu'un caractère heureux soit votre partage!
Que vous possédiez des éléphants, des chevaux! Que les tribus
kha et khmères qui demeurent (près) des bassins, dans les montagnes, vous apportent, en tribut, des monceaux d'or rouge, des
défenses (d'éléphants) innombrables! Obtenez des dignités dont
le renom remplisse le monde! Que 100.000 *devatā* habitant la
montagne de l'Univers viennent vous escorter, vous protéger!

Que votre stature soit majestueuse! Que votre réputation se répande dans tout le Jambudvīpa! Que vos ennemis bondissent (de frayeur) et s'enfuient (a votre approche)! Que vous possédiez les connaissances magiques! Que les 84.000 rois vous versent un tribut! Que souverain entre les souverains, vous possédiez un palais de gemme qui subsiste durant toute votre existence! Que de nombreuses races: les Chinois, les Cham, les Ñuon, les Birmans, les Hǒ, les Vietnamiens et les Mǒn vous offrent, en tribut, des monceaux de gemmes, des étoffes parfaites, des étoffes rayées! Que les grands Hǒ, les grands T'ǎi de S'ieng Sěn, de Luong P'răbang, et de Lămp'un vous remettent des lettres (royales)! Que tous les malheurs, les maladies graves s'écartent de vous! Que vous soyez heureux! Que vous viviez jusqu'à cent vingt ans! Que vos fils et vos filles, que la reine et vos concubines vivent jusqu'à cent vingt ans!" La récitation terminée, l'ačan place, dans la main droite du prince, la banane contenue dans la coupe de présents, puis il lie l'un après l'autre les poignets du prince et de ses enfants. Un à un les notables s'avancent à genoux et à leur tour font le phuk khěn au prince. Le rite terminé, un des plateaux est porté dans une pièce intérieure et Nang Sǔt, la tante paternelle de Čǎo Bǔn Um, lie des fils de coton aux poignets de Mǒm Čǎn, l'épouse de Ras'ădănǎi, et de toutes les parentes en prononçant simplement des voeux de bonheur et de prospérité. Les deux autres plateaux sont déposés chez les frères du prince, Čǎo Bǔn Um et Čǎo Silomé où le même ačan récite à nouveau la formule de voeux et cheville les âmes. Le rite du *ba si* achevé, tous les notables du village se réunissent à la maison de Čǎo Bǔn Um et, sous la conduite du prince, une coupe d'eau à la main, il traquent les jeunes filles de la localité. Pénétrant dans toutes les maisons, du nord au sud, ils aspergent, avec violence, ou barbouillent de suie (rite prophylactique) les fugitives sur lesquelles, en ce jour, ne s'étend plus la protection paternelle. Si lors du *sǎngkhan pǎi*, en aspergeant le prince et ses suivants, le clan féminin contribuait à la recréation des forces vives du Mǔang, le jour du *sǎngkhan khǔn* c'est un ordre neuf qui naît, la puissance masculine doit donc être rétablie.[47]

L'après-midi de ce jour à 16 h., Čǎo Silomé monte dans la chambre d'honneur de la maison princière. Il pose devant un reliquaire[48] qui abrite la statue du bouddha de gemme, un plateau couvert d'une étoffe blanche sur laquelle repose une coupe d'eau parfumée, deux cierges et des fleurs. A côté sont posés une aiguière, une coupe à ablutions et un *khǎn ha*.[49] Il jette une écharpe sur son épaule gauche, allume deux cierges sur le *khǎn ha*, se prosterne trois fois, lève la coupe au-dessus de sa tête et récite en pali *l'ārādhanā* (Plate 7). Il retire ensuite le bouddha du reliquaire, le lave avec de l'eau parfumée et le pose soigneusement sur l'étoffe du plateau. Il porte le plateau dans la salle de réception et le pose sur un piédestal à côté des bouddha qui ont été aspergés deux jours auparavant. A ce moment le personnel sacré des autels de P'ă Pĭn vient offrir ses voeux au prince (Plate 8). Le médium lui présente une coupe d'hommage. Tous les maîtres du rituel se prosternent, le *mɔ̀ t'iem* allume un cierge sur la coupe et murmure: "Maintenant nous tous nous venons vous présenter nos voeux. Que la prospérité s'attache à vous Seigneur!" Le prince prend la coupe et répond: "Que la prospérité s'attache à vous désormais! Exercez votre fonction avec toute votre conscience de façon que le peuple vive heureux et en paix!"

Le *mɔ̀ p'ɔ̀n* qui a offert ses voeux le matin se prosterne ensuite devant le bouddha de gemme, une coupe pleine de cierges à la main. Il allume deux cierges sur la coupe qu'il lève au-dessus de sa tête et récite les prières bouddhiques suivantes: Savakkhāto, Ittipiso, Namo, Ukāsāvantā. Tous les assistants répètent ces prières en choeur.

La récitation terminée, l'ačan demande au bouddha de gemme de protéger durant toute l'année nouvelle le prince, sa famille et tous les habitants de Čămpasăk. La tante du prince noue des fils de coton autour de la statue et le médium des autels de P'ă Pĭn arrose le bouddha avec de l'eau que le personnel sacré a puisée à l'embarcadère du Pavillon de la Victoire.[50] Les *čăms*, la famille princière, les notables ainsi que les simples villageois--demeurés jusqu'alors sur le seuil--l'aspergent ensuite avec de l'eau parfumée. Le prince s'assied alors sous la véranda et tous les habitants qui ont aspergé le bouddha viennent l'arroser. Ce rite renforçant l'efficacité de celui accompli précédemment est censé agir sur les forces de la nature et attirer, sur la contrée, les ondées bienfaisantes (Plate 9).[51] Le prince revêt ensuite des vêtements neufs et se dirige vers le fleuve où il met à l'eau des poissons qu'un serviteur lui a apportés dans un panier. Puis il gagne Wăt T'ɔ̀ng où il libère des colombes captives dans la pensée que si, un jour, il tombait en quelque piège, par suite des mérites ainsi acquis, il serait à son tour délivré.[52] Ces rites clôturent la cérémonie du Nouvel An.

*   *   *

A Luong P'răbang, avant l'entrée dans la saison des pluies marquée par des épidémies, les masques sacrés aménagent le monde en soumettant du nord au sud puis aux autres orients, les ogres--divinités autochtones--et les génies maléfiques. Devenus les zélés protecteurs du bouddhisme, ils roborent et verrouillent, en dansant sur l'esplanade des wăt, les bastions spirituels de la cité. Thên par essence, les ancêtres Ño sont des exorcistes. C'est pour cette raison d'ailleurs qu'ils furent--selon la tradition savante qui tend à les asservir à la chefferie--dépêchés en ce monde. Le roi des Thên leur donna l'ordre en effet d'empêcher ogres et phi de pénétrer dans Müang Thên futur berceau de la chefferie, avant l'arrivée de son fils Khun Bulom. Par la suite, ils furent chargés d'abattre la liane maléfique qui ombrageait la contrée. La légende cultuelle tout en les élevant au rang d'ancêtres démiurges, en fait également des dompteurs de fauves, des exterminateurs de dragons. On comprend donc qu'aux périodes de transition où les monstres hantent un monde en voie d'aménagement, tout le rituel d'expulsion leur soit confié. Ainsi protégé, à l'abri de toute contamination maléfique, le souverain préservant soigneusement sa pureté de descendant de roi des Thên fonde et scelle par des lustrations, l'unité religieuse de ce territoire délimité jadis par de saints ermites.

Descendants de la même souche divine, les princes de S'ieng Khwang sont tout aussi soucieux de préserver leur essence. Mais tout recours aux masques sacrés étant impossible, c'est à des bonzes ou à des ačan de leur parenté, experts en exorcismes qu'ils font appel pour laver leurs bouddha et amulettes personnelles,[53] ou procéder au rituel strictement privé de "l'offrande à l'animal protecteur de l'année" qui écartant d'eux tout malheur leur permettra, après la mort, de régner dans ce palais céleste que symbolise, au centre du *kăt'ŏng*, un grand cône orné de cierges blancs.[54] C'est en compagnie des bonzes également qu'ils visitent les lieux saints aspergeant après eux bouddha et statues qui rappellent la défaite des puissances maléfiques.

A Basăk, les lustrations visent à replacer la cité sous l'influence de ce saint religieux auquel une des premières reines de Čămpasăk confia le trône pour remédier au désordre qu'avait entraîné son inconduite. Mais comme toutes les fêtes du renouveau dans le Sud Laos, la cérémonie du Nouvel An tend à évoquer la phase antérieure, autrement dit, la faute de la reine Nang P'ăo qui n'est elle-même que la projection, sur le plan de l'histoire, de la faute mythique commise par la fille du roi des grandes divinités. Certes, cette faute n'est point soulignée expressément comme lors du Nouvel An du livre d'heures (octobre-novembre) où la danse des aborigènes et le sacrifice du buffle réactualisent la faute et son châtiment.[55] Toutefois le sacrifice du buffle à Wăt P'u qu'observent rigoureusement les habitants de la marche sud de la principauté succède immédiatement à la fête du Nouvel An. Tous les paysans de la contrée pensent déjà à cette cérémonie qui, tout en sanctionnant les coupables, permettra de prédire, avant les premiers travaux agraires, le régime des pluies.[56] Le souvenir de la Nang P'ăo est donc dans toutes les mémoires. La faute de la reine coupable, si vague la suppose-t-on, ne peut que contaminer le cadre de la fête du Nouvel An. C'est donc une aire souillée que le prince doit restaurer avec l'aide des bonzes certes qui jouent le rôle d'exorcistes, mais fait singulier, pour la conscience collective—personnel sacré, chefferie et bonzes mis à part—le rituel accompli par les religieux possède tout au plus le caractère d'un épiphénomène.

Pour l'homme du peuple en effet le prince expulse, au jour intermédiaire, tous les mauvais génies, toutes les pestilences qui menacent la localité. La valeur active du *bök* est ainsi attribuée au prince. Non seulement en tant que représentant de la chefferie il possède des mérites supérieurs, mais de plus ses talismans lui assurent, dit-on, l'invulnérabilité. D'autre part, quand il sort de l'autel de Thên c'est comme un génie-ancêtre en puissance qu'il prend place en tête du cortège, en un appareil imposant. Tout se passe donc comme si le prince, au Nouvel An, assumait une fonction dévolue normalement aux inspirés. En se convertissant en exorciste, ou plus exactement en se laissant convertir à ce rôle, le prince tend ainsi à opérer un retour aux origines magiques de la royauté. Apparaissant aux yeux de tous comme un être doué de pouvoirs supérieurs, il peut s'opposer victorieusement aux influences malignes, il accède au sacré même et accroit sur le plan religieux le prestige de la chefferie. Du rituel, seules la visite à l'autel des génies, la délimitation du nord au sud et l'expulsion des *kăt'ŏng* sont donc retenues. Ce qui est normal d'ailleurs puisque personne à l'exception des religieux, de l'ačan et des serviteurs ne pénètre dans le Pavillon de la Victoire. Les derniers rites auxquels assiste timidement, de loin, l'homme de la rizière, sont la récitation du *Jayanto* qu'il considère comme une sorte de bénédiction offerte par les religieux à celui qui détient tous les pouvoirs et l'abandon des offrandes qui lui confirme que le prince procède à un renvoi des génies comparable à celui auquel se livrent les médiums lors des grandes cérémonies.[57]

Mais le personnel sacré a une toute autre opinion. Selon médium et maître du rituel, le *bök* princier est comparable en quelque sorte à ce rite qu'accomplissait jadis Čǎo K'ǎm Sǔk lors des épidémies. Il arpentait la cité du nord au sud pour reconstituer à nouveau le Müang de fond en comble, puis il déposait son costume dans le plateau de règne pour que les bonzes le purifient de toutes les pestilences dont il s'était chargé durant le trajet. Le *bök* serait ainsi un *sia k'o müang* et la valeur active du rite d'expulsion devrait être attribuée aux prières des religieux. Certes le prince possède des amulettes et des charmes puissants, certes il descend de Čǎo K'ǎm Sǔk et de Čǎo Ras'ădănăi qui s'incarnent parfois dans le médium tels les Thên, mais ces génies-ancêtres ne peuvent être mis sur le même plan que les Thên qui ont choisi la souche princière. A leur mort, les aïeux du prince ont été soumis à la rétribution du *karma* comme tous les êtres. Par suite de l'intérêt qu'ils portent à leurs descendants, ils ont reçu toutefois le privilège de revenir en ce monde, à l'occasion des grandes cérémonies et d'exprimer parfois, par la voix du médium, des conseils au représentant de la chefferie. Mais la cérémonie terminée, il regagnent les étages célestes qui leur ont été assignés, c'est pourquoi il ne disposent d'aucun reposoir dans l'autel des préparatifs et ne peuvent franchir le seuil du sanctuaire principal. Le pouvoir sacré et le pouvoir temporel sont d'ailleurs si bien dissociés qu'un prince de Čămpasăk peut prendre pour épouse n'importe quelle femme--même une de ses soeurs--excepté une parente du médium des Thên. S'il le faisait sa raison sombrerait et le pays tomberait dans le plus affreux désordre. Le prince ne peut donc se substituer au médium.

Si les bonzes de Wăt T'ŏng qui montent dans le Pavillon de la Victoire ignorent tout de la structure religieuse de la principauté et sont incapables de distinguer Thên et génies-ancêtres, ils n'en estiment pas moins que le représentant de la chefferie joue un rôle passif dans le rituel de purification. Certes la chefferie dispose d'une puissance en mérites supérieure à celle des hommes du commun, étant donné qu'elle est demeurée en place malgré tous les événements et que le prince a acquis des charges politiques importantes. La possession du bouddha de gemme assure d'ailleurs à cette famille une protection spéciale, d'autre part les donations pieuses faites annuellement à Wăt T'ŏng ou à Wăt Amat par Čăo Bŭn Um ne peuvent qu'engendrer de nouveaux mérites. Cependant par l'exercice même de ses pouvoirs, le prince, plus que l'homme du peuple, est exposé à de multiples tentations. Le pouvoir temporel en effet encrasse celui qui le détient et c'est pour cette raison que le saint fondateur de Basăk se déchargea rapidement d'une partie de ses fonctions en intronisant le roi S'ŏi Si Sămŭt. Or en cette époque de l'année, des malheurs de toutes sortes, des mauvais génies même-- l'existence de ces derniers ne sauraitêtre mise en doute puisque le chef des bonzes de Wăt Amat qui s'était aventuré, il y a quelques années à monter sur un reliquaire en ruine, dans l'aire maléfique de Si Sŭmăng, en fut victime--menacent le territoire. En purifiant le prince, les religieux estiment qu'ils purifient ipso facto toute la contrée, en régénérant le *karma* du représentant de la chefferie, ils rénovent l'aire.

Quant au prince de Čămpasăk qui sait fort bien que les monarques défunts ne sont point des Thên, il partage entièrement l'avis du personnel sacré et des religieux. Selon lui, quand il parcourt la cité, bien loin de combattre les *phi* il attire sur sa personne toutes les pestilences et détourne ainsi une attention maléfique qui pourrait être dirigée sur ses sujets. Quand il parvient au Pavillon de la Victoire, ce n'est point en exorciste qu'il se prosterne devant les bonzes mais en bouc émissaire chargé de toutes les fautes de la communauté. Ce faisant, il a le sentiment d'assumer une obligation inhérente à l'héritage laissé par Čăo Ras'ădănăi, ou plus exactement d'assumer un destin inscrit déjà dans la faute de cette reine de Čămpasăk qui se dénonça et se condamna elle-même publiquement.

En ce jour intermédiaire où le rituel pourrait se borner à effacer un mal plus ou moins diffus, le prince n'hésite point, comme nous le verrons, a mettre directement le *bök* en rapport avec la souillure historique qui débordant le plan sexuel est invoquée pour rendre compte de toutes les calamités, de tous les échecs. Liant dès lors à la conscience de la faute qui pèse sur la chefferie, le souvenir de ses propres échecs, le prince drainant sur lui la culpabilité collective concilie, par ce rite d'expulsion, justification et auto-accusation. Aussi, montant au *hŏ s'ăi*, dans le moment même où il apparaît à ses sujets dans son entière puissance, le prince se découvre-t-il, à lui-même, dans le plus complet dénuement. Comment expliquer ce paradoxe?

Une des versions des annales de Čămpasăk rédigée sous le règne de Čăo K'ăm Sŭk, à la demande du roi du Siam, permet en approfondissant l'enquête, d'élucider en partie cette contradiction interne que l'examen des significations du rite nous a révélée. Selon ce texte, sous S'ŏi Si Sămŭt (n'oublions pas que pour les annalistes ce prince est le fondateur de toutes les institutions et que ses descendants n'ont fait que maintenir l'héritage qu'il leur a légué):

> Le cinquième jour de la lune croissante du 6ème mois, une proclamation royale enjoignait au peuple de former un cortège composé d'éléphants, de fabriquer des radeaux en tronc de bananier et d'y déposer des offrandes destinées aux phi. Des médiums chargés d'expulser les esprits et montés sur des éléphants caparaçonnés défilaient tout autour de la ville puis chassaient les phi qu'ils renvoyaient (*bök*) par voie de terre et d'eau au moyen de radeaux. A 5 h. les médiums venaient offrir leurs voeux au roi S'ŏi Si Sămŭt. Ce rite annuel s'est transmis jusqu'à nos jours.[58]

Comme cette même version décrit fort brièvement, il est vrai, la cérémonie du Nouvel An[59] mais passe sous silence le *bök* royal du jour intermédiaire, on peut se demander, un certain parallélisme existant entre les deux rites d'expulsion, s'il n'y aurait pas eu, postérieurement à la rédaction du texte, un éclatement, puis un déplacement et une transformation de l'ancien rituel, ainsi qu'une substitution de personnes. Čăo K'ăm Sŭk ou son successeur Čăo Ras'ădănăi se chargeant en partie du rôle confié antérieurement aux médiums n'aurait il point déplacé, au jour intermédiaire, l'ancien rite du 6e mois? On peut d'autant plus se poser la question que le jour du Nouvel An étant compris entre le 6e jour de la lune croissante du 5e mois et le 5e jour de la lune croissante du 6e mois, quand le *săngkhan khŭn* tombait à la date limite du 6e mois, les deux rites d'expulsion devaient faire double emploi. D'autre part ne retrouvons-nous pas le jour du *săngkhan khŭn* cette offrande de voeux qui clôturait au 6e mois le *bök* des médiums? Čăo Săkpăsŏt, le fils de K'ăm Sŭk qui quitta Basăk en 1897 à l'âge de 16 ans pour entrer dans l'administration siamoise[60] s'oppose toutefois formellement à cette interprétation. Čăn Ku Nòn confirme son témoignage: le rite d'expulsion accompli par le prince n'a subi aucune modification et il coexista jusqu'à la fin du règne de K'ăm Sŭk avec l'expulsion des génies opéré par le personnel sacré. L'année ou le săngkhan khün tombait au 6e mois prince et médiums procédaient, chacun de leur côté, au bök. Le personnel sacré offrait une coupe d'hommage une ou deux fois, selon la date du Nouvel An. Selon ces informateurs, le bök boyal et le bök des médiums n'étant point sur le même plan pouvaient sans difficulté se succéder. Certes l'existence de cette curieuse cérémonie du sut s'ămră müang que l'on accomplissait jadis à Luong P'răbang pour purifier le royaume atteste que souverain et exorcistes peuvent collaborer conjointement à la régénération du territoire. Mais, dans la capitale, le monarque demeurant en son palais, au centre même de la cité, jouait un rôle plutôt passif dans la recréation des huit orients.[61] Or à Basăk un caractère actif est prêté à tort ou à raison au rite princier. Obnubilés par le bök princier, importunant nos informateurs par l'idée d'une déformation possible du rituel, nous avons en fait oublié de poser une question essentielle. Quand le rite d'expulsion par les médiums fut-il supprimé? Selon Čăo Sakpasöt, ce rite serait tombé en désuétude après la mort de K'ăm Sŭk en 1900, selon Čăn Ku Nu de Wăt T'at, il aurait cessé d'être célébré quelques années avant la mort du roi, par suite du décès de P'ò Thăo P'à Čăn le médium des phi măhésăk. La situation était alors aussi confuse qu'en 1936 où la mort du médium devait laisser les grands génies sans monture pendant plus de 4 ans. Quand Ras'ădănăi devint gouverneur de Basăk en 1905 le rite ne fut pas rétabli, on ne sait pour quelle raison. Peu importe, nous tenons dès lors l'explication de la première partie du problème. Tant que ce rite si coloré du 6e mois exista, il ne pouvait en effet qu'éclipser le bök princier. Si un lettré comme le rédacteur des annales accorde plusieurs lignes de description au renvoi des phi sans en réserver une seule aux purifications princières du jour intercalaire, que pouvait bien représenter pour l'homme de la rizière la procession royale comparée à celle des médiums enturbannés, costumés de couleurs vives, agitant convulsivement leurs armes et repoussant au bord du fleuve, à l'orée de la forêt, devant radeaux et kăt'ŏng chargés d'offrandes et d'effigies, les puissance maléfiques? Que ce rite disparût et le bök princier prenait immédiatement toute son importance. Une similitude jusqu'alors masquée surgissait. Le prince ne prenait-il point la tête du cortège en sortant de l'autel des phi măhésăk et ne renvoyait-il point les esprits au moyen de radeaux? Peu à peu une confusion s'établit tant et si bien que le bök princier se chargea de tout l'efficace du rite disparu. Cette confusion était d'autant plus inévitable que Čăo Ras'ădănăi, par piété filiale, greffa, involontairement peut-être, le culte des ancêtres directs sur celui des Thên. Dès 1905 semble-t-il le portrait de K'ăm Sŭk fut placé par ses soins dans le Pavillon de la Victoire lors des courses de pirogues.⁶² Le plateau de règne du dernier roi orna la véranda de l'autel de Wăt P'u à l'occasion du sacrifice du buffle. Ses regalia parèrent désormais le seuil du sanctuaire des *phi măhêsăk* quand les Thên convient au 4e mois tous les génies de la contrée.⁶³ Les divinités suprêmes, comme touchées par ce respect filial, permirent enfin au dernier roi de Čămpasăk de s'incarner parfois lors des grandes cérémonies et de parler à son fils et à ses sujets par le truchement des médiums. Pour l'homme du peuple qui entendait successivement la voix de T'ên K'ăm puis celle de K'ăm Sŭk, ce dernier entra dans le panthéon des *Pu Ta*, terme général englobant les génies-ancêtres stricto-sensu (P'ăya Kămmăt'a, S'ŏi Si Sămŭt et les grandes divinités). Les descendants de S'ŏi Si Sămŭt et de Čăo K'ăm Sŭk devaient dès lors apparaître doués de tous les pouvoirs.

Malheureusement pour Ras'ădănăi et Čăo Bŭn Um son successeur, les circonstances historiques qui avaient amené le démembrement de la chefferie accusaient leur faiblesse, même si celle-ci était masquée, par le rituel, aux yeux du commun. C'est cette faiblesse qu'il nous suffira de dévoiler en nous basant sur la biographie de Ras'ădănăi et de son fils pour élucider la seconde partie du problème. Nous comprendrons alors pourquoi ces princes, après la chute de leur maison, se comportant en coupables, faute d'avoir pu écarter la menace que constituait, pour leur valeur même, certain événements⁶⁴ mirent les techniques rituelles au service de conduites qui relèvent d'une mauvaise conscience.

En 1866, lors du passage de la mission Doudart de Lagrée, Čăo K'ăm Sŭk avait espéré que le gouvernement français le délivrerait du joug siamois et lui accorderait des conditions semblables à celles dont jouissait le roi du Cambodge. Sept ans plus tard la France lançait trois colonnes sur le Laos pour occuper les postes tenus par les Siamois. La résistance siamoise s'effondra aussitôt. Par le traité du 3 Octobre 1893 le Siam renonçait à toutes prétentions sur les territoires de la rive gauche du Mêkhóng et sur les îles du fleuve. Par une ironie du sort K'ăm Sŭk, bien loin de profiter de la protection qu'il avait sollicitée, demeurait--Basăk étant sur la rive droite--aux mains de ses geôliers. Toutes ses possessions de la rive gauche relevaient par contre de ces Français qu'il avait appelés en libérateurs. Pour le roi de Čămpasăk, le rêve longtemps caressé de restaurer un jour le patrimoine ancestral était terminé. Surveillé étroitement par les Siamois, il déclina peu à peu et s'éteignit quelques années après en 1900.

De 1893 a 1900, Čăo Ras'ădănăi vécut dans la pensée de l'échec qui avait brisé son père, échec qu'il vécut d'autant plus profondément qu'à partir de 1898, il demeura avec son oncle paternel Čăo Ras'ăph'ak'ĭnăi le seul confident de celui dont Pavie n'entrevoyant même pas la détresse qualifia fort cruellement de "fantôme de roi".⁶⁵ Après le décès de K'ăm Sŭk, les Siamois comme s'ils tenaient à l'écart Ras'ădănăi chargèrent le vice-roi Bhualaphan d'assurer l'administration du Müang. Ras'ădănăi, auquel son père avait légué l'héritage de la maison de Čămpasăk mais qui n'avait point reçu l'investiture du Siam, se sentit lésé. Par la convention franco-siamoise du 13 février 1904, la France obtint la province de Basăk. Le vice-roi, qui ne voulait point dépendre du nouvel accoupant, ayant émigré à Ŭbŏn, Ras'ădănăi demeura seul avec son oncle au milieu des dignitaires qui avaient surveillé son enfance et survécu à son père. Ce n'est qu'en octobre 1905, après avoir prêté serment de fidélité au résident supérieur Mahé qu'il fut nommé gouverneur de Basăk, simple délégation alors du commissariat de Ban Müang dont la charge avait été confiée à un administrateur de 3e classe. Quand en 1908 Basăk devint centre administratif relevant de Paksé, Čăo Ras'ădănăi dut chaque année--lui dont les ancêtres recevaient deux fois l'an l'hommage de leurs sujets-- aller prêter serment au chef-lieu de la province. Ces circonstances malheureuses ne pouvaient qu'engendrer chez le prince un sentiment de frustration d'autant plus intense que le roi de Luong P'răbang avait conservé lui, grâce à Pavie, tous ses privilèges. Alors que le roi de Luong P'răbang jouissait d'un régime de protectorat, Čămpasăk était soumis à un "régime hybride tenant à la fois du protectorat et de la colonie"⁶⁶ et les pouvoirs de son gouverneur étaient si peu étendus qu'en 1905 pour le simple choix de l'emplacement réservé à la construction d'un poste administratif le résident supérieur avait décidé que la commission pourrait "si elle le jugeait utile" s'adjoindre "à titre consultatif" le descendant des anciens rois de Basăk.⁶⁷ Cet échec devait apparaître au prince, comme nous le verrons, la sanction de sa propre infériorité et entraînant un sentiment de dépréciation personnelle, être placé sous le signe de la faute. Au lit de mort de K'ăm Sŭk, Ras'ădănăi en recevant le legs de la maison déchue était devenu en fait un coupable en puissance. Par sa parole donnée, il avait accepté, en effet, d'endosser toute la responsabilité d'une chefferie qu'il ne pouvait restaurer. Or cette contradiction entre une obligation d'autant plus exigeante qu'elle tirait toute sa force de la relation qui l'avait uni à un père bien aimé et une situation qui le livrait pieds et poings liés au nouvel occupant le contraignait à vivre désormais en prévenu. Les reproches--tout amicaux qu'ils fussent--du milieu familial qui l'accusait de laisser tomber en déshérence l'héritage de K'ăm Sŭk ne pouvaient que renforcer cette présomption de culpabilité, ces reproches faisant au fond écho à ceux que le prince s'adressait à lui-même, même s'il tentait tant bien que mal de les dissiper. Un passage de la biographie du prince Bŭn Um⁶⁸ nous révèle cet aspect de la psychologie de Ras'ădănăi:

> Nombre de mes parents tarabustaient sans cesse mon
> père: "Vous êtes président de l'assemblée consultative

à Vientiane, vous êtes membre des intérêts du Conseil financier à Hanoï, vous n'avez pas le droit de vous désintéresser de l'héritage de Čăo K'ăm Sŭk! Réagissez!" Ce à quoi mon père répondait invariablement: "Comment discuterais-je avec ces gens-là, je ne connais pas le français, d'autre part si vous voulez sauter il vous faut un tremplin, je n'en ai point. D'ailleurs à quoi bon arroser le ciel de sa salive? S'il est dit que la sécheresse doit régner, même s'il pleuvine, l'humidité ne viendra pas. S'il est dit que vous devez tomber, vous aurez beau vous cramponner à une touffe d'herbe, vous tomberez. Si ce n'est point ton destin, tu as beau implorer les dieux du monde, la chance ne te sourira point et l'objet de ton désir restera hors de ton atteinte. Qu'irais-je faire d'ailleurs dans ces réunions et ces comités? Si vous êtes laid faites comme la grenouille qui fuit au fond de son trou quand quelqu'un survient."

Aveu de sa propre faiblesse, recours au destin, auto-accusation, tentative de rejeter la responsabilité, telles sont les conduites mêmes de cette conscience coupable qui cherche comme nous l'avons vu dans le *bök* princier à se libérer. Si Ras'ădănăi, se détournant de tous les problèmes qu'il ne pouvait résoudre dans la vie pratique, chercha dans le monde des rites un refuge, le *bök* ne lui permit-il pas précisément d'apaiser périodiquement, sous le voile symbolique du rituel, une culpabilité qu'il n'aurait su autrement exorciser?

Le 21 décembre 1934, sans aucun ménagement, Čăo Ras'ădănăi fut brusquement mis, par l'administration française, à la retraite tel un simple fonctionnaire. Le 11 mars 1941 la rive droite du Mêkhŏng étant retombée sous l'occupation siamoise, Ras'ădănăi fut nommé, par le nouvel occupant, gouverneur. La situation ainsi créée était d'autant plus dramatique que si Ras'ădănăi était aux ordres des Siamois, son fils Čăo Bŭn Um, qui à la tête de commandos franco-lao avait lutté contre les Thaïlandais, restait avec ceux qui ne voyaient plus dans le gouverneur de Basăk qu'un collaborateur.

Ce faisant, les circonstances politiques démasquaient l'opposition profonde quoique demeurée jusqu'alors plus ou moins latente entre deux tempéraments. Seule la biographie du prince Bŭn Um permet de comprendre cette opposition qui, quoique surmontée par la suite, laissera, chez le successeur de Ras'ădănăi, un sentiment de culpabilité obscure que le *bök* permettra précisément d'apaiser.

Selon la version officielle, Čăo Bŭn Um serait le fils de Čăo Rŭan Ñĭng Sŭt Sămŏn, la deuxième reine, la naissance du prince étant postérieure au mariage.[69] En fait l'histoire est beaucoup plus compliquée. A la mort de son épouse Nang T'ŏng K'ŭn, fille de Čǎo Ras'ăph'ak'ĭnǎi (le frère de K'ăm Sŭk) Čǎo Ras'ădănǎi se serait remarié avec Nang Yĭm, la soeur cadette de sa femme. Celle-ci décéda peu après. Ras'ădănǎi courtisa la seconde soeur cadette de Nang T'ŏng K'ŭn, Nang Sŭt Sămŏn. Mais la famille du prince et de la jeune fille s'opposèrent à un mariage que les deux décès précédents faisaient présager comme funeste. Lorsque Nang Sŭt s'aperçut qu'elle était enceinte, Ras'ădănǎi venait d'épouser Nang Čăn, fille d'un haut dignitaire de Basăk. La situation ne pouvait plus être régularisée. Comme le prince déclare n'avoir conservé aucun souvenir de sa toute première enfance, nous n'insisterons pas sur ces événements qui nous ont été sommairement retracés mais qui revêtent une signification particulière si on garde en mémoire le contexte traditionnel qui, dès l'origine, donne à la maison de Čămpasăk son caractère dramatique.[70]

A 6 ans, sur ordre de son père, Čǎo Bŭn Um fut confié au chef des bonzes de Wăt Liep.[71] Cette claustration fut pour l'enfant d'autant plus pénible que les méthodes pédagogiques des bonzes étaient alors fort sévères: "Ne me le rendez ni borgne ni aveugle, c'est tout ce que je vous demande," déclara Ras'ădănǎi en confiant son fils au chef des religieux. De temps en temps, Čǎo Bŭn Um rendait une brève visite à son père qui se montrait toujours fier et distant, attitude qui provoqua chez le jeune prince un sentiment d'abandon d'autant plus pénible qu'il admirait profondément son père, grand chasseur d'éléphants réputé pour sa bravoure et son habileté. Comment conquérir son affection, son estime? Toutefois dès sa 10e année, à la conduite de dévalorisation personnelle, se substitua une conduite de révolte due au fait que Ras'ădănǎi le retirant de la pagode lui fit suivre les cours de l'école de la circonscription. Vivant au contact de son père, Čǎo Bŭn Um découvrit bientôt ainsi un trait de son caractère qui ne manqua pas de l'étonner: comment cet homme si courageux pouvait-il apparaître parfois aussi déprimé? Comment pouvait-il accepter d'un air las les remontrances des membres de son entourage? Peu à peu le fils découvrit la faiblesse du père menaçant. Il apprit par coeur toutes les sentences désabusées que Ras'ădănǎi opposait aux sollicitations des siens. Il fit mieux, il les mit en chanson. Si le sens de ces maximes lui demeura longtemps obscur, la raillerie dont ces réflexions faisaient l'objet ne lui échappa point. Les fredonner fut ainsi pour lui une façon de revendiquer, de s'opposer au père. Comme il lui fallait un objet d'admiration, il auréola de plus en plus son aïeul, dont il s'enquêtait auprès des vieux dignitaires, de toute la puissance dont il privait peu à peu son père. Čǎo Ras'ădănǎi, dont le complexe d'infériorité était aggravé par son ignorance de la nouvelle langue en usage dans l'administration, désirait que son fils apprît le français, aussi l'envoya-t-il, dès l'âge de quatorze ans et demi, au lycée de Saïgon. Čǎo Bŭn Um fut profondément affecté par cette séparation. Trop jeune encore pour en comprendre le bien fondé, il la ressentit comme une nouvelle mesure prise à son égard par un père autoritaire, comme un nouvel abandon, ce qui renforça sa conduite de révolte. Pendant 7 ans, coupé de sa famille qu'il ne retrouvait qu'aux grandes vacances, Čǎo Bŭn Um essaya tant bien que mal de dissimuler sa sensibilité fort vive pour devenir ce que son père exigeait de lui. En 1930, âgé de 21 ans, Čǎo Bŭn Um regagnait définitivement Basăk. A cet adolescent actif doué d'une force peu commune, le Laos n'offrait alors nulle ressource. Ce pays qui ressentait lui aussi les effets de la crise mondiale était en plein marasme. Čǎo Ras'ǎdǎnǎi aurait désiré que son fils entrât dans l'administration, mais aucun poste n'était vacant. Quant à Čǎo Bŭn Um qui venait de recouvrer sa liberté, il n'entendait point se laisser enfermer, après la pagode et le lycée, dans quelque bureau poussiéreux. Aussi contrevenant aux principes rigides de son père se mit-il à faire du commerce. A cette époque de crise économique, le gouvernement laotien avait interdit l'exportation des bufflesses au Siam. Quelques trafiquants cependant se risquaient à convoyer les bovidés jusqu'à Mŭang Dom où les Siamois les achetaient à prix d'or. Čǎo Bŭn Um aidé de quelques cousins se livra bientôt à ce négoce et après avoir eu maille à partir avec des pirates lao ou siamois--dans une de ces occasions il réussit seul contre plusieurs hommes résolus à sauver son troupeau--fut connu pour son courage et son esprit d'initiative jusqu'à la frontière siamoise.

En 1932 le résident à Paksé, M. Rondi convoqua Čǎo Rad'ǎdǎnǎi et lui révéla que le gouvernement française était fort inquiet des activités de son jeune fils. Profitant de ses séjours au Siam, ce dernier ne s'était-il pas abouché avec une société secrète qui ne visait rien moins qu'à détacher du Siam le plateau de K'ôrat! Pour mettre fin à ces agissements qui risquaient d'entraîner des complications avec le Siam, le mieux était de faire entrer le jeune prince comme "secrétaire bénévole" à la résidence de Paksé. Ainsi l'adolescent activiste partisan d'un mouvement pan-lao qui devait, dans son esprit, redonner à la maison de Čǎmpasǎk un lustre que Čǎo Ras'ǎdǎnǎi n'avait su lui conserver, se vit il contraint, précisément par ce père qui ne lui apparaissait plus que comme le pâle interprète des administrateurs, à travailler sous les ordres des Français! Comme il s'agissait d'un travail bénévole, Čǎo Bŭn Um dut accepter--cruelle offense--la somme que son père lui alloua mensuellement pour le récompenser de sa bonne volonté. En 1935 le jeune prince fut envoyé à Vientiane pour suivre les cours de l'école d'administration. S'il comptait profiter de sa liberté, il fut quelque peu déçu car son père avait demandé à ce qu'il demeurât chez le directeur de l'école de pali. Reçu au concours de sortie, il fut nommé chef de poste administratif et détaché auprès du résident à Vientiane, homme dur et intransigeant. Affecté par la suite à Takkek comme adjoint du chef du Mŭang, il fut mobilisé en 1939 sous les ordres du lieutenant Bourassier administrateur adjoint. Enfin sorti des bureaux où il avait été jusqu'alors confiné, le prince allait bientôt pouvoir faire ses preuves contre les Siamois. A partir de décembre 1940 il monte un commando avec le lieutenant Lambert et opère des coups de main sur la rive siamoise. Lors d'une de ces expéditions--il fallait traverser le fleuve à la nage en s'aidant de flotteurs-- plusieurs de ses compagnons français furent blessés ou tués. Cet évèvement devait marquer profondément le prince. C'est de cette époque qu'il fait débuter en effet les sentiments d'amitié qui le lièrent à jamais à ses compagnons d'armes.

Le 28 janvier 1941, sur l'intervention des nippons, les hostilités cessent. Le 11 mars 1942 la France et le Siam adoptent un compromis qui laisse Basăk, Battambang et les possessions de la rive droite de Luong P'răbang, aux mains des Siamois. Mais en dédommagement, le roi de Luong P'răbang se voit octroyer les provinces du haut Mékong, du Trân-ninh et de Vientiane! Quant à Čăo Bŭn Um, pour le récompenser de ses faits d'armes, l'administration française songea à l'exiler purement et simplement. En effet M. Rocques, résident à Vientiane, craignant que le prince ne s'opposât à la rétrocession, adressa à M. De Mestre, résident à Takkek, l'ordre d'envoyer Čăo Bŭn Um dans la lointaine province de Sam Nŭa! M. De Mestre qui était un homme profondément honnête, écoeuré par ces manoeuvres, montra le télégramme au prince qui sentit selon ses propres paroles "le monde s'écrouler". Le gouvernement français pour qui il avait lutté le bannissait. Il ressentit cette mesure qui survenait à une période où il avait été le plus attiré par la France comme une trahison. Pour la première fois peut-être, il compara son sort à celui de son grand-père brisé jadis par les Français qu'il avait appelés en libérateurs. Cette humiliation lui permit surtout de réviser sa position a l'égard de son père que les administrateurs traitaient de "pro-siamois" et qui lui apparut soudain comme la victime d'une monstrueuse injustice. Toutefois la distinction qu'il avait établie très tôt, dès 1940, entre les administrateurs--politiciens félons--et les militaires garants de l'honneur lui permit de surmonter de choc sans se bloquer sur le passé. D'autant plus que grâce à M. De Mestre l'ordre brutal du résident était demeuré sans effet. Au moment même où Čăo Bŭn Um allait donner sa démission, le prince héritier de Luong P'răbang descendit à Takkek, M. De Mestre lui demanda d'intervenir en faveur du fils de Ras'ădănăi. Il est vraisemblable que Čăo Bŭn Um qui faisait, pour la première fois de sa vie, connaissance avec le prince du Nord ressentit cette mesure comme une humiliation. Fort aimablement, Čăo Săvang Văthăna suggéra à Čăo Bŭn Um de travailler à Luong P'răbang dans l'administration: "Cela nous permettra de mieux faire connaissance". Dans le courant de mars, Čăo Bŭn Um monta à Luong P'răbang par le chemin des écoliers via Vinh, Cua Rao, Nòng Hĕt. Il s'attendait à être reçu en "parent" par la cour. Comme personne ne l'attendait, il alla loger au "bungalow", comme un simple étranger. Quand il rendit visite au bureau du Müang et s'informa du poste qui lui était réservé, il apprit que le prince héritier n'avait fait part à personne de ses projets. Finalement on lui proposa une place de simple secrétaire. L'emploi lui paraissait au-dessous de ses compétences, d'autre part l'atmosphère guindée de la Cour le déprimait. Il se sentait tenu à l'écart par ces princes altiers pour qui selon ses propres expressions: "Les gens du Sud sont des gens grossiers capables de manger des poulets non plumés". Toutes les préventions qu'avait nourries le petit-fils de Čǎo K'ǎm Sǔk--le roi lésé--à l'égard des descendants du "roi priviligié" se trouvant confirmées par l'intention dévalorisante qu'il prêtait au moindre acte des princes du Nord, le rapprochement bien loin d'entraîner une meilleure compréhension, précipita le malentendu. Ce qui permet de comprendre cette phrase qu'écrira beaucoup plus tard Čǎo Bǔn Um après les éminents services qu'il rendra à la France: "Lorsque j'ai pris la brousse en mars 1945 ... je ne songeais pas que, ce faisant, je devais rendre un jour un grand service à la Cour de Luong P'rabang *qui m'ignorait et que j'ignorais*" (lettre au Commissaire de la République au Laos en date du 10 octobre 1946).

Après l'épisode de Luong P'rǎbang qui provoqua à nouveau chez le prince un sentiment de dévalorisation personnelle, nous retrouvons Čǎo Bǔn Um au poste des Affaires Indigènes, à Vientiane--où il remplaça Čǎo Phetsarat nommé vice-roi à Luong P'rabang--puis à Kêng Kǒk près de Takkek. Nommé par la suite Čǎo Müang adjoint à Paksé et conseiller auprès de l'Inspecteur des affaires politiques du Sud Laos, Čǎo Bǔn Um vit immédiatement, selon ses propres paroles, dans cette nomination, "l'indice d'un regroupement des provinces du Sud dans le cadre de l'ancien royaume de Čǎmpasǎk". Malheureusement ce poste, dès la fin de 1943, fut supprimé et le prince réintégré dans son cadre d'origine. Ces mesures ne furent point sans provoquer chez lui amertume et suspicion. Il pensa en effet que quelques intrigues du gouvernement royal avaient amené cette suppression. Déçu le prince se mit en congé de maladie et s'installa à Kêng Kǒk chez ses beaux-parents. C'est là que le 9 mars 1945 le surprit le coup de force japonais. Dès qu'il apprit que la résidence de Savannakhet était prise et que les forces franco-lao étaient désarmées, Čǎo Bǔn Um rejoignit la compagnie de chasseurs laotiens du camp de Dong Hen. Le prince ne se contenta point de participer à de nombreuses embuscades et coups de main; déguisé en paysan il parcourut sans arrêt le Sud pour prêcher la lutte contre l'occupant. Pendant ce temps, dans le Nord, la Cour de Luong P'rǎbang envoyait un représentant du gouvernement royal qui gagna Calcutta où il se nomma représentant du Laos libre tandis que le 9 mars 1945 S. M. Sisavang Vong, sous la pression des nippons, proclamait l'indépendance du Laos.[72] Après la capitulation du Japon et l'occupation par les troupes chinoises de la moyenne partie du Laos, les intrigues se multiplièrent à

Luong P'răbang et à Vientiane. Un gouvernement populaire provisoire lao (Lăo Issără) fut instauré à Vientiane. Un mouvement insurrectionnel éclata à Luong P'răbang et contraignit le roi à abdiquer. Pour remonter sur le trône, le souverain dut reconnaître le gouvernement provisoire. Pendant ce temps, le sud libéré des Japonais demeurait sous la protection française. Dès octobre 1945, pour parer aux mesures du gouvernement Lao Issără, les populations du Sud procédèrent à un référendum. Face au danger que représentait pour elles l'unité conçue comme une annexion, ces communautés entendaient sauvegarder leurs droits, leur particularisme et jouir d'une certaine autonomie sanctionnée par la présence, à leur tête, du prince Čăo Bŭn Um. Le petit-fils de K'ăm Sŭk pensa donc que l'erreur historique qui avait précipité la chute de la maison de Čămpasăk allait enfin être réparée. La principauté serait réédifiée et formerait avec le royaume de Luong P'răbang un état fédéré. L'annonce de l'état désespéré de Čăo Ras'ădănăi vint seule troubler l'euphorie du prince. Quand Čăo Bŭn Um arriva à Basăk, son père qui était atteint d'un cancer allait entrer en agonie.

> Quand je me fus prosterné à son chevet, cet homme fier que la maladie n'avait point réussi à briser me dit: "Je t'ai fait appeler et si j'ai demandé que tu restes seul avec moi, c'est pour que toi et la famille vous compreniez bien une chose, que vous n'avez jamais je crois bien comprise: l'affection que je te porte et que je t'ai toujours portée. . . . Tout le monde pense, toi le premier, que je ne t'aime pas, que je ne t'ai jamais aimé. Cette conviction t'a peut-être fait souffrir, mais moi ce soupçon, qu'en ce jour je voudrais enfin pouvoir dissiper, m'a souvent tourmenté. Nos tempéraments peuvent différer, mais sois certain que j'ai pour toi de l'affection, plus que de l'affection, de l'estime. Tu es le seul de tous mes fils qui aies du caractère et qui puisses redonner à notre maison son éclat. Je ne te laisse rien sinon le soin de cette maison et sa réputation." Epuisé mon père commença à suffoquer, j'appelai alors les membres de la famille. Bouleversé par ce que mon père m'avait dit, je quittai le pièce quelques instants pour penser à ce qui venait de m'arriver: mon père m'aimait et m'avait toujours aimé. Tout n'avait été que malentendu et maintenant ce malentendu était dissipé.

Cette réparation capitale que constituait la reconnaissance tardive des mérites d'un fils mal aimé semblait annoncer, amorcer la réparation que la France ne pouvait point ne pas réaliser sur le plan historique. Par sa parole donnée, au chevet de Ras'ădănăi, Čăo Bŭn Um comme jadis son père au chevet de K'ăm Sŭk, s'était engagé à maintenir l'héritage de la maison de Čămpasăk.

Fébrilement les conseillers du prince rédigèrent un projet de traité entre le gouvernement de la République française et Son Altesse Čăo Bŭn Um héritier direct des rois de Čămpasăk. Dans ce projet, le prince demandait que la France reconnût ses droits et prérogatives sur les territoires qui composaient le royaume de ses ancêtres. Or le 12 mai 1946, la veille même de la réoccupation de Luong P'răbang par les troupes françaises, M. de Raymond commissaire de la République au Laos, annonçant au prince héritier le retour de la France écrivait: "Ce retour vous le savez, Altesse, est marqué de l'esprit le plus libéral et du désir de voir le Laos tout entier réuni sous la haute autorité de Sa Majesté." Aucune mention n'était faite d'un Čămpasăk restauré. Dès juin 1946, il fut décidé qu'une commission d'études franco-lao se réunirait à Vientiane pour préparer l'élection d'une assemblée constituante et établir un modus vivendi fondé sur l'unité. Avant même que la Commission ne fût réunie, Čăo Bŭn Um épuisé par la lutte qu'il avait menée dans le maquis tomba gravement malade. Ayant le sentiment d'être pris dans un engrenage, il accepta l'unification du Laos que réclamaient les politiciens. Le 18 août 1946, le modus vivendi réglant les rapports entre la France et le Laos fut signé à Vientiane. L'état du prince ayant, entre temps, empiré, les médecins décidèrent de le faire transporter d'urgence en France. Le 27 août, M. de Raymond et le prince du nord firent signer au prince de Čămpasăk couché sur une civière, le protocole annexe par lequel il renonçait au profit de l'unité lao à faire valoir ses droits de souveraineté sur le Čămpasăk. Partagé entre le ressentiment et l'exaltation du sacrifice, Čăo Bŭn Um signa l'acte qui mettait définitivement fin au rêve de K'ăm Sŭk. Quand en 1948, guéri, il revint au Laos et ratifia les termes du protocole annexe, il tint à souligner: "Qu'une fois de plus le destin avait été contraire à la maison de Čămpasăk."

Nous comprenons maintenant avec quelle profondeur est vécu dans le sud ce rite du *bök* accompli par un prince dont l'échec fait écho à celui de son père et de son grand-père: "le *bök* c'est pour moi comme l'aveu pénible de quelque faiblesse, laquelle? Je ne sais, peut-être une sorte d'indifférence, quand on n'a plus envie de réagir et qu'on sent au fond de soi-même qu'il faudrait sortir de là, quoiqu'on sache qu'il n'y a rien à faire. J'ai critiqué autrefois mon père Čăo Ras'ădănăi, mais que vouliez-vous qu'il fît? Comment ai-je pu penser un jour pouvoir mener à bien la tâche que Čăo K'ăm Sŭk avait été contraint d'abandonner? Mon grand-père, dit-on, pensait qu'un sort pesait sur notre maison, mon père était paralysé par cette idée. Quant à moi, comment n'y croirais-je point? Il suffit de lire nos annales, avec une reine fille-mère tout avait si mal commencé que la partie était perdue d'avance."[73]

* * *

Aire souillée par la faute d'une reine fille-mère, Müang plus que tout autre menacé, il était normal que Čămpasăk au seuil de l'Année Nouvelle, en ce jour intercalaire qui engage toute l'année fût régénéré par les descendants de ce souverain qui en montant sur le trône avait accepté de remédier aux troubles provoqués par l'égarement de celle qui l'avait précédé. D'où ce rite du *bŏk* princier que doublait jadis celui des médiums. Or au XIXe siècle, l'effondrement de la chefferie coïncidant avec la suppression du *bŏk* des médiums, la procession des princes et le *bŏk* qui leur est réservé demeurèrent le seul moyen de libérer le Müang de toutes les pestilences. Mais les princes libérateurs ruminant les échecs qui avaient entraîné la perte de leur maison se découvrirent rapidement prisonniers de ce monde clos de la faute que légendes et rituel avaient contribué à maintenir séparé. Si Placés sous le signe de la faute, les échecs en chaîne furent traduits en termes de destin--ce qui permettait de rejeter apparemment toute responsabilité--ils stimulèrent en fait une culpabilité latente et donnèrent ainsi naissance aux conduites de mauvaise conscience. D'où l'ambiguité qu'acquit dès lors le rite du *bŏk*. Détournant symboliquement les puissances hostiles, il permit en effet tout en accordant extérieurement les marques de la grandeur de satisfaire les conduites secrètes d'expiation. Le *bŏk*, qui aurait pu être accompli sereinement tels les rites de purification dans le Nord et Moyen Laos, devint ainsi, pour des raisons historiques et psychologiques, un cérémonial d'obsession.

NOTES

1. Cf. S. A. Phetsarath: "Le calendrier lao," in *France-Asie*, mars-avril 1956, pp. 787-812.

2. Cf. C. Archaimbault: "La naissance du monde selon les traditions lao," in *La naissance du monde*, Edition du Seuil (Paris 1959), p. 385 sq.; "La fête du T'at Luong à Luong P'răbang," in *Essays Offered to G. H. Luce* (Ascona, 1967), Vol. I, 5-47.

  Le folklore du Nord du Siam permet peut-être de déceler la nature de ces génies-ancêtres. Selon les annales traduites par Notton (*Annales du Siam*, première partie, Paris, 1926, p. 69 sq.), les aieux Pu Së, Ya Së génies protecteurs de Doi K'ăm dans la région de Chieng Mai, sont des ogres auxquels le Bouddha aurait interdit de manger de la chair humaine. Ils acceptèrent de protéger les habitants du territoire et de veiller au maintien de la religion du Bouddha durant cinq mille ans à condition que la communauté leur offrît chaque année deux buffles.

  Dans son ouvrage sur les *Coutumes t'ăi du Nord* (Chieng Mai, 1963, pp. 183-204), M. Sanguan Chotĭsŭkhărăt qui décrit assez minutieusement le sacrifice offert à ces génies fait des Pu Së Ya Së les génies protecteurs des Lawa, premiers possesseurs du sol. Avant la cérémonie, on invite les bonzes à réciter des prières puis un repas est offert aux religieux. Les bonzes sont assis devant une étoffe suspendue près d'un arbre et représentant le Bouddha et deux disciples. Cette étoffe qui rappelle l'enseignement du Bouddha--et son interdiction formulée aux yakṣa--sert à tirer des pronostics selon qu'elle oscille au gré du vent, heurte le tronc de l'arbre ou demeure immobile.

  Dans un article intitulé "The Lawa, Guardian Spirits of Chieng Mai" (*Journal of the Siam Society*, XV/ii, July 1967, 185-225), M. Kraisri Nimmanahaeminda donne différentes variantes particulièrement intéressantes de la légende des Pu Së Ya Së.

  S'il existe un parallélisme entre les génies-ancêtres de Luong P'răbang et ceux de Chieng Mai, on peut supposer que les Pu Ñö Ña Ñö étaient originellement des yakṣa ou des "génies-ancêtres" des Kha premiers possesseurs du sol, génies que les envahisseurs Lao auront intégrés dans leur cosmogonie et transmué en Thên. Nous avons montré dans un

91

article sur "Le Cycle de Nang Oua" (*France-Asie*, no. 170, nov.-dec. 1961, 2581-2604), l'équivalence établie dans certaines légendes Lao-T'ăi entre Kha et Yakṣa.

3. Peut-être par suite de la disparition du culte des masques en 1873. Cf. C. Archaimbault: "La fête du T'at à S'ieng Khwang," *Artibus Asiae*, XXIV:3/4 (1966), p. 187 sq.

4. Cf. Archaimbault: "Les annales de l'ancien royaume de S'ieng Khwang," *BEFEO*, LIII:2 (1967), 577-79. Selon l'une des versions, le roi de S'ieng Khwang, Čăo Sŏmp'u qui avait re-instauré le bouddhisme au Trân-ninh mourut en 1802 à Vientiane où il était détenu prisonnier. Il laissait un fils Čăo K'ăm Kŏt. Le trône échut au frère de Sŏmp'u, Čăo S'ieng, puis à Čăo Nŏi fils de Čăo S'ieng. En 1825 le roi de Vientiane qui avait fait incarcérer Čăo Nŏi chercha quelqu'un capable d'assurer la direction de S'ieng Khwang. Il fit pressentir Čăo K'ăm Kŏk qui refusa de quitter le froc et la grotte de Mat où il demeurait.

5. Selon les annales (texte cité, p. 609) l'ačan T'ămmăk'ătha chargé par le roi Lan K'ăm Kong d'examiner les caractéristiques géomantiques du territoire où le souverain comptait instaurer la capitale découvrit trois endroits maléfiques. L'un de ces lieux était la région de l'étang Ŏ peuplé d'éléphants sauvages. Il les chassa au moyen de formules magiques. Selon la tradition orale, deux éléphants ravageaient la contrée de S'ieng Khwang. Un ačan les chassa en leur jetant de gros rochers. Ils s'enfuirent alors jusqu'à la source d'un ruisseau situé à 4 km au Sud-Ouest de la ville où ils périrent. Depuis cet endroit fut appelé l'embarcadère de l'éléphant mâle et de l'éléphant femelle. Pour commémorer cette chasse de l'ačan, un *t'at* et deux statues représentant des éléphants furent érigés, on ignore à quelle époque, près de la source. Ces statues furent restaurées sous le père du représentant actuel de la chefferie. Lors du nouvel an, le premier jour de la cérémonie, le prince de S'ieng Khwang, Čăo Săi K'ăm, en compagnie de son frère--ex-chef des bonzes de Wăt Si P'ŏm et exorciste réputé--et de la population, se rend en ce lieu. Cinq ou six bonzes des deux plus importantes pagodes centrales de S'ieng Khwang s'asseyent, au pied du *t'at*, et récitent *Namo* et *Buddhaṃ*; le prince, ses parents et les habitants du *müang* aspergent ensuite le reliquaire et les deux éléphants au pied desquels ils déposent des fleurs. Sous le père du prince, la population massée autour du reliquaire lançait de petites fusées pour écarter du descendant des anciens rois P'uon tous les malheurs. Comme le lancement des fusées est un rite plurifonctionnel: expulsion des pestilences et obtention de la pluie, il avait vraisemblablement la même signification que les lustrations qui, au nouvel an, visent l'élimination des

souillures tout en provoquant la pluie. Sur le chemin du
retour d'ailleurs le représentant de la chefferie est
copieusement arrosé par les paysans tandis que les garçons
et les filles s'aspergent mutuellement. Quoi qu'il en soit,
de nos jours, la tradition orale s'estompant, les deux
pachydermes sont considérés de plus en plus par beaucoup de
P'uon comme les animaux protecteurs de la cité ce qui en-
traîne une réinterprétation du rite: l'obtention de la
pluie tend à devenir la fonction majeure des lustrations.

6. L'après-midi du "jour intermédiaire", le prince, son frère,
tous les bonzes de la localité et les habitants se rendent
à ces grottes sises à 4 km au nord-est de la ville près du
terrain d'aviation. Les bonzes allument sur tous les
rochers, à l'entrée des deux excavations--jonchées de petits
bouddha en terre cuite décapités--des cierges tout en récitant "l'offrande de cierges". Les femmes restent groupées
à l'extérieur car il leur est formellent interdit de pénétrer
dans les grottes. Au retour, jeunes gens et jeunes filles
s'aspergent mutuellement.

7. Le jour du *săngkhan khün*, l'après-midi, à 14 h, aux quatre
orients de la cité, à Wăt Kang, au T'at Luong, à Ban K'ămp'a,
à Hua Kiu, les paysans élèvent de grands *t'at* de sable
surmontés d'un piquet--symbole, dit-on, de l'arbre de l'illu-
mination--et de fanions. Jadis les rois de S'ieng Khwang
devaient adresser, aux villages des orients, quatre paniers
de sable pour contribuer à l'érection de ces monts.

A Ban K'ămp'a les bonzes s'assoient en demi-cercle à
proximité des *t'at* de sable. Des boissons sucrées leur
sont offertes. Ensuite, ils récitent le *Ñatta*. Un fil de
coton constituant une barrière protectrice est alors fixé
aux piquets et l'extrémité de l'écheveau est remise aux
bonzes qui, considérés comme des exorcistes, vont, disent
les paysans, empêcher les mauvais génies de pénétrer dans
la cité dont ces t'at constituent les fortins. C'est ce
qui explique que devant les bonzes, les fidèles placent un
plateau contenant une brasse d'étoffe blanche et rouge, des
cierges, une ligature de noix d'arec, des feuilles de *k'un*
(cassia fistula) et de *ño* (morinda citrifolia), et un ...
couteau. L'acier au Trân-ninh, comme dans presque tous les
pays du monde, étant censé écarter les esprits maléfiques.
Ce plateau appelé "honoraires (pour insuffler) des forces"
rappelle, par le nom et la fonction, le plateau que l'on
place à Luong P'răbang devant les médiums, lors des cérémonies du septième mois, pour que les génies accroissent
les forces corporelles des inspirés qui leur servent de
montures. Un *ačan* allume un cierge sur le plateau et un
autre sur une coupe contenant cinq paires de cierges qu'il
lève en priant les bonzes de réciter le *Maṅgalasutta*. La
récitation terminée, les bonzes, à tour de rôle, lisent le

texte de l'offrande des *t'at* de sable qui relate l'érection, par le bouddha, d'un *t'at* sur un banc de sable où le roi P'asên avait fait dresser, en l'honneur de l'Omniscient, de splendides pavillons. Mais ce sermon semble sans effet sur la croyance populaire et pour les fidèles, la construction des *t'at*--considérée ailleurs comme un rite d'abondance--a uniquement pour but de constituer une barrière inexpugnable que ne pourront franchir les *Phi*. C'est ce qui explique que dans certains villages éloignés--à Ban Nui par exemple à 15 km au sud-ouest de S'ieng Khwang--les villageois plantent sur les reliquaires de sable non des mâts, mais des emblèmes d'interdits (*tăléo*).

8. Dans le plateau du *ba si* destiné à la cérémonie du *t'ăm Khwăn* dans le Nord-Est du Siam figurent des couteaux ou des instruments tranchants. Cf. l'excellent article de Phya Anuman: "The Khwan and its Ceremonies," *JSS*, Vol. L, part 2, décembre 1962, pp. 161 sq.

9. Cf. Archaimbault: "L'histoire de Čămpasăk," in *Journal Asiatique*, Année 1961, p. 519-595. Nous décrivons ici la cérémonie à laquelle nous avons assisté du 13 au 15 avril 1953.

10. En 1638, selon les annales, une reine de Čămpasăk nommée Nang P'ăo se trouva enceinte des oeuvres d'un prince qui était venu capturer des éléphants dans la région. Elle se condamna elle-même par un décret qui tout en perpétuant le souvenir de sa faute obligeait désormais toutes les filles-mères du royaume à payer un buffle aux génies protecteurs. Les aborigènes de la marche de Čămpasăk furent chargés de faire observer cette prescription sur toutes les frontières du territoire. De nos jours encore, deux fois l'an, les filles-mères doivent observer cette coutume. Au XIe mois, lors de la course de pirogues à Basăk, les jeunes Laotiennes du Müang qui ont contrevenu aux bonnes moeurs payent des buffles qui sont sacrifiés la nuit précédant le dernier jour de la cérémonie. Au VIe mois, ce sont les filles-mères de la marche Sud peuplée d'aborigènes qui doivent offrir des buffles au génie de Wăt P'u, sur le site de l'ancienne capitale de Čămpasăk. La faute de la Nang P'ăo répète curieusement celle que commit, selon une cosmogonie propre au Sud Laos, la fille du roi des dieux enceinte d'un serviteur du palais (cf. Archaimbault: "La naissance du monde selon les traditions Lao," pp. 4˜6 sq.). Nous retrouvons le même thème dans la légende de Nang Malong (cf. Archaimbault: "Le cycle de Nang Oua--Nang Malong et son substrat sociologique," pp. 2598 sq.). Vu le rôle que jouent les aborigènes dans ces légendes et dans les cérémonies de Basăk, il est possible que la conscience collective opérant une censure ait fait du séducteur de la Nang P'ăo--

un aborigène ou un homme d'humble extraction--un prince. Quoi qu'il en soit, on peut supposer que ces faits légendaires ou historicisés ont été inventés pour rendre compte de la disparition des brillantes chefferies chams et khmères qui précèderent la fondation des chefferies laotiennes, cf. Archaimbault: "Religious Structures in Laos," *JSS*, Vol. LII, Part i, April 1964, pp. 63 sq.

11. Plateau à plusieurs étages contenant les offrandes destinées à convier les âmes et à les cheviller au corps de la personne en l'honneur de laquelle on procède au rite du rappel des âmes.

12. Si le calendrier laotien dont les services administratifs possèdent un exemplaire porte l'effigie de la divinité du Nouvel An, les paysans de Čămpasăk ignorent, semble-t-il, la légende des sept filles du Seigneur du Nouvel An. Selon cette légende, un richard qui n'avait point d'enfant présenta, le jour du Nouvel An, lorsque le soleil entre dans le bélier, des offrandes au génie d'un grand banyan en demandant qu'un fils lui soit donné. Grâce à Indra, la femme du richard accoucha d'un fils nommé Dharmapāla Kumāra. Son père lui fit construire un palais à sept étages près du banyan sacré qui servait d'asile à des nuées d'oiseaux. Tout jeune, l'enfant apprit ainsi la langue de la gente ailée. A huit ans, il était un ačan illustre. Un Brahmā du nom de Kapila mit alors à l'épreuve le savoir de l'enfant. Il lui posa trois énigmes qu'il devait résoudre en sept jours. Si Dharmapāla Kumāra réussissait, le Brahmā jura qu'il se décapiterait et lui offrirait sa tête. S'il échouait, par contre, sa tête reviendrait au Brahmā. Six jours s'étaient écoulés et l'enfant n'avait point encore trouvé la solution. Il se coucha au pied d'un arbre sur lequel un couple d'aigles avaient fait leur nid. L'un des oiseaux demanda "Que mangerons-nous demain? - Dharmapāla Kumāra que Kapila mettra à mort pour n'avoir point deviné les énigmes, répondit l'autre. Là-dessus, l'aigle livra les trois réponses correctes que le Brahmā attendait. Dès que l'enfant connut la solution, il retourna à son palais et, quand le brahmane se présenta, il donna la clé des énigmes. Le Brahmā appela ses sept filles concubines d'Indra et leur expliqua qu'ayant perdu son pari il allait se décapiter. Sa tête toutefois ne devait point toucher terre car elle brûlerait le monde, elle ne devait point non plus être jetée en l'air sous peine de provoquer la sécheresse. Elle ne devait point tomber dans la mer car l'eau s'évaporerait. Il demanda donc à ses sept filles de déposer sa tête dans un plateau. L'aînée nommée Tunsa accomplit, plateau en main, la *pradakṣiṇā* autour du mont Meru durant 60 minutes, puis déposa le plateau dans une grotte du mont Kailāsa. Au Nouvel An, les

filles de Kapila, à tour de rôle, doivent accomplir, avec
le plateau, la *pradakṣiṇā* autour du mont Meru. Ces demoi-
selles du Nouvel An--ou ces "divinités" selon le calendrier
lao--sont en relation avec les jours de la semaine. Parées
de gemmes et de fleurs différentes, portant des armes et
des insignes distinctifs, elles ont chacune une monture
particulière: garuḍa, tigre, porc, âne, éléphant, buffle
ou paon, et la posture qu'elles adoptent est en rapport
avec le moment où le soleil entre dans le signe du bélier.
Le matin elles se tiennent debout sur leurs montures,
l'après-midi elles sont assises, le soir elles sont cou-
chées, les yeux grands ouverts, après minuit elles reposent
endormies (cf. *Les cérémonies des douze mois* du roi Chulalongkorn, texte siamois, Bangkok, ère bouddhique 2503, p.
329 sq.; cf. Prince Dhani Nivat, "The Soṅkrānt of the Môn
as Recorded in the Inscriptions of Wat P'ra Jetup'on in
Bangkok," *Essays Offered to G. H. Luce*, Ascona, 1966, Vol.
I, p. 117 sqq.). Selon une légende birmane, Indra et un
Brahmā nommé Osi se disputèrent sur un point de la doctrine
bouddhique: l'excellence des mérites. Ne pouvant se
mettre d'accord, ils descendirent sur terre et prièrent un
brahmane de leur servir d'arbitre. Ce dernier déclara
qu'Osi avait tort. Le Brahmā, selon les règles du pari,
fut décapité et sa tête brûlante fut remise à sept jeunes
filles célestes qui eurent pour mission de la porter à
tour de rôle. Le changement a lieu au Nouvel An, après
que la tête d'osi a été préalablement baignée. D'où, selon
la croyance birmane, l'origine des rites d'aspersion du
Nouvel An. Un ancien calendrier birman examiné par l'éthno-
logue siamois Phya Anuman représente un personnage habillé
comme une divinité tenant une tête qui repose sur un plateau qu'une autre divinité s'apprête à recevoir. Mais sur
ce calendrier c'est Indra qui apparaît monté sur un animal
et tenant une arme. Selon les croyances birmanes en effet
Indra, à l'occasion du Nouvel An, visite le monde humain
durant trois jours. S'il est monté sur un cobra on pro-
nostique que cette année-là les cobras pulluleront; s'il
chevauche un nāga les pluies seront abondantes; s'il a
pour monture un garuḍa, la contrée sera dévastée par la
tempête. Cf. *Trus sărda*, par Sathien Koses (nom de plume
de Phya Anuman), Bangkok, 1963, pp. 29 sq. A Luong P'răbang, la divinité du Nouvel An montée sur l'animal de
l'année vient d'être introduite dans le cortège du nāga.
Au Cambodge Mme Porée-Maspéro signale une légende identique
à celle du Siam; les filles de Kabel Mahā Prohm (Kapila
Mahābrahmā) doivent porter la tête de leur père; cf. Mme
Porée-Maspéro, *Les cérémonies des douze mois* (Phnom Penh,
1950, p. 21).

13. A Luong P'răbang, l'après-midi du *săngkhan păi*, après avoir
libéré poissons et oiseaux, les habitants se lavent la tête

avec de l'eau dans laquelle ils ont fait macérer des
feuilles de sŏmpoi (acacia concinna), puis abandonnent au
fil du fleuve des petits radeaux en tronc de bananier
(Kăt'ŏng) contenant autant de rondelles de noix d'arec
qu'ils ont d'années d'âge. S'il s'agit d'un kăt'ong
non plus individuel mais "familial", la mère de famille
pose, dans le radeau, une rondelle de noix d'arec dans laquelle elle met du bétel. Certaines personnes se frottent
le corps avec une boulette de riz qu'elles déposent dans
le radeau. Ces kăt'ŏng selon le texte "des douze traditions" portent le nom de "kăt'ŏng des malheurs". Mais un
grand nombre de nos informateurs qui ignorent cette appella-
tion font, de ce rite, une offrande aux rois nāga.

A S'ieng Khwang, le jour du săngkhan păi, à l'aube
tous les habitants vont se baigner. A cette heure, en
effet, les eaux sont pures, elles n'ont point dit-on, encore été souillées par les corbeaux, d'où leur nom de năm
kŏn ka ou eau (que l'on puise) avant (le passage) des corbeaux. Certains qui connaissent les formules de purification récitent tout en procédant aux ablutions:

"Voici le Nouvel An. Le Seigneur (= le soleil) change
de "maison", sort de l'année néfaste pour entrer dans
l'année bénéfique. Je viens me laver, procéder aux ablutions, me nettoyer. Je demande que tous les malheurs, les
mauvais présages, les maladies, les troubles soient voués
à l'échec, tombent dans le feu, soient emportés par le
courant. Je demande le bonheur pour l'avenir."

14. A Luong P'răbang, le matin du săngkhan păi, de bonne heure,
les ménagères balaient leurs demeures de fond en comble en
commençant par le plafond--partie qui surplombe la tête
considérée comme sacrée--avec des balais faits de rameaux
de k'ăm (mallotus philippinensis), de nŏ (morinda citrifolia) et de sŏm s'ün (glycosmis cochinchinensis) qu'elles
ont achetés au marché rituel qui se tient entre Wăt Măi et
le palais royal. A ce marché on vend outre des rameaux
bénéfiques, des tortues, des mollusques, des poissons et
des oiseaux qui seront libérés l'après-midi. En balayant
elles prononcent: "Je demande que les malheurs, les maladies s'en aillent avec le Seigneur de l'année (écoulée)
que la prospérité entre à l'avenir dans cette maison". A
S'ieng Khwang, les femmes balaient simplement la demeure
en commençant également par le plafond mais sans prononcer
aucune formule. Elles lavent ensuite le linge.

15. Ce rite portait le nom de sia k'ŏ müang, conjuration du
sort (menaçant) le pays. Sous Čăo K'ăm Sŭk, lors des épidémies, le prince procédait lui-même à l'arpentage de Basăk
et faisait ériger, au centre, une chaire ornée de "mille

drapeaux de la victoire" (banderolles découpées en dents de scie et enroulées autour d'un bâton) de mille *mieng* (chiques composées, dans le Sud, d'une feuille de papayer fixée à une petite fourche en bois) mille bâtons d'encens, mille cierges. Autour de la chaire étaient disposés 9 parasols à 9 étages. Près de la chaire, au Sud, était placé le plateau de règne contenant, entre autres, les insignes de dignité que le roi du Siam avait remis à Čǎo K'ăm Sŭk lors de son investiture. Sur ce plateau, le prince déposait le costume qu'il portait lors de l'arpentage rituel. Quatre bonzes, le visage tourné vers l'Est récitaient le *Maṅgalasutta* et le *Upaddavakanti*, texte concernant l'expulsion des malheurs. Les prières duraient trois jours. Le Prince était tenu d'y assister. Le matin du 4e jour, un *kăt'ŏng* et un radeau orné d'effigies étaient placés près du plateau de règne. Les bonzes, la face tournée vers l'Ouest, récitaient le *Parimāta* et le *Parimāna*, puis un serviteur déposait le radeau au fil de l'eau et le *kăt'ŏng* à l'orée de la forêt (le prince n'assistait point à cette ultime phase des rites). Les religieux allaient ensuite déjeûner chez le prince.

A Luong P'răbang, il y a une cinquantaine d'années, pour expulser les pestilences, à l'entrée de la saison pluvieuse, on procédait également au *sia k'ŏ müang*. Cette cérémonie prenait place au 6e mois. Elle ne comportait aucun rite d'arpentage. Durant trois jours, dans le palais, cinquante bonzes demeuraient en prière et récitaient en particulier le *Sŭt sia k'ŏ müang*. Le souverain n'assistait qu'au début de la cérémonie. Après l'audition des préceptes, il prenait congé. Le quatrième jour, le monarque offrait un repas aux bonzes, puis des *kăt'ŏng* étaient abandonnés au fil de l'eau, sur un radeau. L'un de ces *kăt'ŏng* contenait des offrandes dont le nombre était en rapport avec l'âge du souverain; l'effigie modelée d'une yakṣiṇī ainsi que des statuettes en terre représentant un couple humain et des couples d'animaux: chiens, canards, poulets, éléphants, que l'on offrait à la yakṣiṇī pour qu'elle ne s'attaquât point aux habitants du *Müang* ni aux animaux domestiques. Plus intéressante, semble-t-il--autant que l'on en puisse juger d'après les renseignements fragmentaires des informateurs--était la cérémonie du *Sŭt s'ămră müang* ou "prière pour purifier le Müang" que l'on accomplissait jadis à Luong P'răbang, au 7e mois et qui comportait une procession. Après la récitation des préceptes--que devait obligatoirement écouter le souverain--cent bonzes lisaient, à haute voix, dans la salle du trône le *Sut paritta maṅgala* et le *Năngsü sŭt s'ămră müang*. Le troisième jour, les bonzes invitaient le roi à s'asseoir sur la véranda et les plus hauts dignitaires l'aspergeaient avec de l'eau contenue dans huit bols à aumônes (ces bols qui entouraient les offrandes étaient en rapport avec les orients). Huit religieux de S'ieng T'ŏng, de Wăt Pak K'an et de Wăt Măi répartis en deux groupes, montés sur des éléphants et escortés par des gardes partaient alors de Wăt Măi au centre de la ville et parcouraient la cité du Nord au Sud et du Sud au Nord en récitant le texte "grande victoire--petite victoire" tandis que les gardes tiraient des coups de feu. A Vientiane, selon Thăo Phimason, le 15e jour de la lune croissante du 7e mois, on procédait également à la purification du Müang. Cette cérémonie comportait une procession. Parti de la Năm Pa Săk au Nord, le cortège gagnait Wăt S'ieng Ngŏn au Sud, et expulsait les influences malignes, par voie fluviale, au moyen de *kăt'ŏng*.

Ces differents rituels de purifications expliquent peut-être, en partie, les rites accomplis dans le Sud. Nous indiquons ci-dessous, à titre comparatif, le trajet effectué par les bonzes de Luong P'răbang et par le prince de Basăk (Figure 1, p. 51).

16. Au XVIIIe siècle, selon les annales, la reine de Čămpasăk, Nang P'ăo remit le pouvoir à l'ex-chef des bonzes de Vientiane, le P'ră K'ru P'ŏnsămék. Des différends s'étant élevés parmis les sujets, le P'ră K'ru remit le trône à S'ŏi Si Sămŭt, prince qui passe pour descendre de Suriyawongsa, le roi de Vientiane. Cf. "L'histoire de Čămpasăk," p. 534 sqq.

17. Contrairement au rite royal de Luong P'răbang.

18. A Luong P'răbang, le jeu de corde rituel est pratiqué au VIIe mois à l'entrée de la saison des pluies, lors des cérémonies en l'honneur des grands génies protecteurs du royaume. Les femmes détentrices de la fécondité gagnent par deux parties à une.

19. Cf. "La fête du T'at à Luong P'răbang."

20. Il ne s'agit point du bouddha déplacé au XIXe siècle par les Siamois (cf. "L'histoire de Čămpasăk," p. 554 sp. 563 sq.) mais d'une simple statuette en cristal de roche.

21. Au Cambodge, trois jours avant l'entrée de la Nouvelle Année, on doit garder la chasteté, on ne doit pas travailler, on ne doit rien acheter ni vendre. En contrevenant à cet interdit, on risque de s'attirer l'un des six malheurs suivants: tomber malade, avoir sa femme malade, avoir un enfant malade, avoir sa maison brûlée, être volé, avoir ses vêtements rongés par les rats. Cf. Mme Porée-Maspéro, ouvrage cité, pp. 114-115.

Le caractère sacré des jours intercalaires est un trait de folklore universel, cf. Frazer, *Le bouc émissaire*, p. 289 sq.

22. Pour la conscience collective, le *bök* du Nouvel An inclut la visite du prince aux autels des Phi Măhésăk, la procession du Nord au Sud de la cité et l'ultime rite de purification (accompli dans le Pavillon de la Victoire) auquel devrait seul s'appliquer ce terme. Cette extension du sens, comme nous le montrerons, révèle la confusion qui s'est établie entre le *bök* "princier" accompli en fait par les bonzes et un rite accompli jadis par les médiums qui incluait une procession autour de la cité et portait également le nom de *bök*.

Outre le *bök* du Nouvel An, il existe à Basăk un rite d'expulsion portant le même nom qu'accomplissent les fidèles des centres de *phi fa* en cas "d'exécution d'une promesse". Les *phi fa* sont des génies "en visite touristique" pourrait-on dire qui descendent en ce monde, au premier mois, quand le chef des Thên de Basăk a rendu compte au souverain des grandes divinités de sa mission et redescend sur terre. Ces génies cherchant "table d'hôte" s'installent dans telle ou telle famille dont ils "possèdent" un ou plusieurs membres (généralement feminins). Ces possédées relèvent d'une *mê liang*, "mère adoptive" qui s'occupe des rites de son centre. Selon leurs affinités, les *phi fa* se groupent en effet en centres. Au troisième et au sixième mois, des danses ont lieu dans les différents centres et chaque "fille adoptive" est tenue d'y participer. Si elle ne le peut pas, elle doit offrir une "coupe d'honoraires" à la directrice de son centre. Sinon elle-même ou un de ses parents tomberont malades peu de temps après la fin des cérémonies. En cas de maladie, la fille adoptive doit promettre à "son génie-maître" d'organiser en son honneur, dans la cour de sa demeure, une séance chorégraphique sous la présidence de la *mê liang*. Peu avant la clôture de cette cérémonie qui porte le nom "d'exécution de la promesse", la *mê liang* frotte le corps de sa fille adoptive avec deux boulettes de riz qu'elle jette ensuite dans un *kăt'ŏng* et dans une pirogue en miniature faite en tronc de bananier, remplie de riz blanc et de paddy coloré en noir, en rouge et en bleu. La pirogue est ornée d'une figurine en bois grossièrement sculptée représentant le génie gardien des eaux: *Phi-süa Nam*. Sur le *kăt'ŏng* et la pirogue, des cierges ont été allumés. Si un des parents de la *luk liang* ou fille adoptive est également malade, celle-ci une fois purifiée par sa *mê liang* frotte à son tour le corps de son parent avec deux boulettes qu'elle jette dans le récipient et l'embarcation. Prenant alors le *kăt'ŏng* par l'anse, avec la pointe d'un sabre, la *mê liang* le passe au-dessus de la tête de sa *luk liang* et des membres de sa famille. Elle repose le *kăt'ŏng* et absorbe de l'eau parfumée qu'elle crache sur les assistants, sur le *kăt'ŏng* et la pirogue. Les mauvaises influences sont ainsi extirpées et définitivement expulsées.

Sur le rite du *bŏk* pratiqué par les médiums et ačan dans le Moyen Laos, cf. l'article cité sur "La fête du T'at à Luong P'răbang."

Signalons en outre que dans certaines régions du Sud et Moyen Laos, sept jours après le *mü năo*, les bonzes sont parfois invités par les simples particuliers à célébrer un rite portant le nom de *bŏk sŏng phi*. Les religieux prennent place aux quatre angles de la demeure qu'entoure un fil de coton. Après la récitation des textes, les bonzes répandent autour de la maison du sable et de l'eau consacrée pour écarter les influences néfastes. Ils tracent ensuite sur la porte une *gāthā*.

23. Cf. P. Paris: "L'importance rituelle du Nord-Est et ses applications en Indochine," *BEFEO*, XLI, 1941, pp. 303-333.

24. Sur ce plan, cf. Fig. 2, pp. 52-53.

Nous rapportons ci-dessous le commentaire fort personnel que le prince Bŭn Um nous a fait sur cette instauration du Müang: "Au fond, quand je pense que tout a commencé par une partie de pêche! Eh oui, si mon grand-père Čăo K'ăm Sŭk qui n'avait rien dans l'estomac depuis le matin n'avait point décidé de faire halte à P'ă Pĭn pour y jeter le filet, jamais il n'aurait installé sa capitale à Basăk et cela eut nettement mieux valu pour tout le monde. Čăo K'ăm Sŭk n'était point un homme ambitieux et ce n'est certainement pas l'idée de renouer avec la tradition de S'ŏi Si Sămŭt qui l'a poussé à transférer le siège du Müang à proximité de Wăt P'u et de Wăt T'at les anciens lieux saints. C'était un homme actif c'est tout, et depuis onze ans qu'il avait été nommé par le Siam, gouverneur de Čămpasăk, il commençait à s'ennuyer ferme à Müang Kăo Himlŏt, minable village arraché au roc et à la forêt où moisissait, depuis une vingtaine d'années, notre chefferie. Vous avez vu Himlŏt, du grès partout, le t'at de mon bisaïeul, Čăo H'ui, disparu, envolé, un poteau rongé par les termites signale seul l'endroit où reposent les cendres royales. Čăo K'ăm Sŭk n'y est jamais retourné, lui, il rêvait de terres fertiles, des îles du Sud, là-bas à 80 km et il songeait dit-on--je le tiens de Čăo Săkpasŏt le frère de mon père--le jour où il décida d'émigrer avec toute sa cour et ses sujets, à s'installer à Mulăpămok tout près de l'île de Khŏng. Mais alors il y a eu cette satanée partie de pêche qui a tout mis à l'eau. Les tramailles à peine tendus, les flotteurs allaient au fond de l'eau et que je te remonte des tonnes de brèmes. A mon avis, ça devait être en février de l'année 1874 que K'ăm Sŭk émigra. Les annales n'indiquent pas le mois, mais c'est en février seulement que cette sorte de brème que nous appelons *pa p'ŏn* remonte en banc le fleuve et se presse en grand nombre entre Basăk et P'ă Pĭn. Même que les vieux ici croient que les *pa p'ŏn* se rendent à cette date au pèlerinage de T'at P'ănŏm. Pour en revenir à mon grand-père, il fut bien embêté car personne ne voulait plus démarrer. Chacun criait au prodige. Les devins consultés déclarèrent qu'il fallait établir là le siège du Müang. Ils se livrèrent à tout un tas de calculs. Coïncidence ou force de la tradition détenue par les lettrés? Toujours est-il que le plan proposé, tel qu'il figure encore maintenant dans tous nos traités de géomancie sous le nom des "seize capitales", fixait pour limite Sud, Wăt T'at, la pagode renfermant les cendres du fondateur spirituel de la principauté. P'ă Pĭn au Nord qui correspondait sur ce croquis à je ne sais plus quelle case bénéfique fut affecté aux autels des Phi Măhésăk. Entre les deux postes, 7 km, mais ça, la distance, cela ne les effrayait pas, les devins. Mon grand-père pour ménager ses jambes fit élever son palais, enfin ce qu'on appelait palais en ce temps-là, juste au milieu, à un endroit bénéfique également. Cela devint le centre de Basăk. La chefferie avait par suite d'un sort des plus néfastes réintégré son site original ou du moins le site qu'elle occupait sous le fils de S'ŏi Si Sămŭt, P'ă P'ŭtt'ĭ Čăo, celui sous le règne duquel Čămpasăk perdit son indépendance. Fâcheux présage que les devins ne surent même pas déceler. A partir de ce moment-là les jeux étaient faits. Čăo K'ăm Sŭk fut gagné par l'ambiance. Happé par le passé, il essaya alors de réinstaurer le grand Müang de Čămpasăk et il cessa de rêver aux îles. En fait avec sa partie de pêche il était tombé bel et bien dans le filet et ses descendants avec lui".

25. Cf. "La naissance du monde selon les traditions lao" in ouvrage cité p. 406 sq.

26. Terme qui signifie littéralement "tremper par une extrémité" et désigne, en particulier, l'acte qui consiste, lors des rites à presser des boulettes de riz sur des jaunes d'oeufs ou sur des condiments avant de les offrir aux génies. Par extension, il s'applique à ceux qui sont chargés de la présentation des offrandes et peut se traduire par "maître du rituel". Secondant les médiums, les *căms* n'incarnent jamais les génies. Les *căms* de P'ă Pĭn sont au nombre de quatre. Leur supérieur Nai Dêng a la haute main sur l'ordonnancement des rites. Il dispose les offrandes dans l'autel des préparatifs, allume les cierges, assiste

le médium, lui tend les coupes, les carafes, les chiques, les sabres, les vêtements. Servant d'intermédiaire entre les assistants et le médium il fait connaitre à ce dernier les voeux de la population, les demandes des fidèles. Nai Dêng a succédé en 1948 à son oncle paternel P'ŏ Thăo Čan Sin dont il était l'adjoint. Čan Sin avait eu lui-même pour prédécesseur son oncle maternel P'ŏ Thăo Tĭt Pălasa. Ce dernier avait succédé à P'ŏ Thăo Sên Bŭn Lĭn avec lequel il n'avait aucun lien de parenté. Nai Dêng n'ayant trouvé aucun membre de sa famille qui désirât apprendre les techniques rituelles dut choisir, comme assistants, trois jeunes gens du village.

27. Pour fabriquer les cierges, on roule de la cire autour d'un fil de coton que l'on frotte entre les paumes.

28. Il s'agit de la médium de P'ă Inta, le secrétaire de Čao T'ên K'ăm le chef des Thên de P'ă Pĭn. P'ă Inta étant un Thên de rang inférieur ne peut pénétrer dans l'autel d'or. Il possédait autrefois un reposoir dans l'autel des préparatifs mais en mai 1950 un cierge y mit le feu. Le génie, par la suite, demeura chez sa médium qui lui construisit, dans sa demeure, un reposoir. Cette médium porte le nom de *mê lăm* ou secrétaire-interprète. Sa fonction n'est pas héréditaire. Lors des cérémonies du 4e mois, elle sert également de monture à de nombreux génies de Basăk ou de la principauté qui ne disposent pas d'interprètes particuliers.

29. Ce rite de renvoi, par lequel les grandes divinités protectrices de la principauté incarnées dans les médiums prennent congé de leurs commensaux en leur offrant des provisions de route, clôture tous les *liang* (offrande de mets) et les grandes cérémonies de Čămpasăk. Lors de la cérémonie du 4e mois par exemple, en tête du cortège chargé d'exécuter ce rite marchent le médium et la *mê lăm* suivis de deux *čăms* qui portent chacun un *kăt'ŏng*. Viennent ensuite sur deux rangs, quatre "gardes" armés de sabres et huit autres "serviteurs" de l'autel tenant en main les lances, les hallebardes et les fusils qui ornaient le pavillon de danse. Les *kăt'ŏng* posés sur la rive, les deux *čăms* fixent un cierge allumé sur chacun d'eux. Les gardes remettent alors leurs sabres aux *čăms* qui aspergent les armes d'alcool, puis collent, sur la pointe, des cierges allumés. Les médiums les reçoivent par la garde puis exécutent, sur place, les figures habituelles. Le *čăm* principal accroupi, mains jointes, murmure: "La cérémonie des Seigneurs est terminée. Recevez maintenant les dix bénédictions divines et regagnez en paix, je vous y convie, vos autels, vos palais originels". Il asperge d'alcool les deux *kăt'ŏng* pendant que les médiums au bord du fleuve

virevoltent, sabres en main, décantant lentement dans l'eau
violacée, leurs ombres tournoyantes. Soudain, des coups
de feu éclatent: les gardes tirent une salve pour éloigner
les derniers génies. Deux autres kăt'ŏng sont portés ensuite à l'orée de la rizière. Čăms, médiums et gardes
accomplissent les mêmes rites de renvoi. Désormais tous
les esprits des forêts, des collines ont quitté les lieux.

  Selon la croyance populaire, une multitude de *phi*
inconnus--donc suspects--venus des pays lointains: Siam,
Birmanie, profite de ces agapes pour s'infiltrer parmi les
divinités du territoire. D'où l'ambiguïté que tend à
acquérir aux yeux du commun le rite de renvoi qui tout en
accordant aux hôtes habituels les marques de la plus grande
politesse laisse peser sur les parasites une certaine
menace. A la limite, figures guerrières exécutées par les
médiums, coups de feu tendent à être interprétés comme un
rite d'expulsion. D'où une certaine confusion entre le
bŏk et le *sŏng k'ien* dont devait finalement bénéficier le
représentant de la chefferie.

30. Nous décrirons ici les rites de conjuration du sort ou *sia
k'o* exécutés par Čan Ku Nu de Basăk. L'ačan place devant
le patient, dans la demeure de ce dernier, un grand récipient carré en écorce de bananier reposant sur quatre
pieds. La longueur des côtés du *kăt'ŏng* est proportionnelle
à la coudée du patient. Aux quatre coins sont fixés des
drapeaux en lamelles de bananier, à trois encoches, symbolisant les trois joyaux. Le *kăt'ŏng* est divisé en neuf
compartiments au moyen de lamelles de bananier; chacun
d'eux correspond à un orient, à un jour ou à un moment
particulier des traités d'astrologie, à la planète du jour,
à un animal, à une couleur et à un chiffre. Le texte récité pour conjurer le sort nous permet de comprendre ces
correspondances. Les planètes en effet sont considérées
comme des divinités qui portent des habits d'apparat de
couleurs diverses et qui ont chacune pour monture un animal
déterminé. Quant aux chiffres dont le symbolisme semble
oublié, les traités d'astrologie siamois indiquent qu'ils
désignent le nombre de gardes du corps de chaque divinité,
ces gardes étant armés d'armes spécifiques: lances, épées,
flèches. Toutes ces correspondances varient d'ailleurs
selon les traités et les ačan. Au Laos, les traditions se
sont altérées à tel point que les variations ont atteint
un degré maximum et que les correspondances fixées dans le
texte récité sont souvent en désaccord avec celles observées
pour la composition du *kăt'ŏng*.

  Selon Čan Ku Nu, la case NE correspond à dimanche, à
l'astre solaire. Elle est en rapport avec le chat et la
couleur rouge. Selon Čan On Sa du quartier de Lăk'ŏn à

Basăk, c'est la case SE qui correspondrait à dimanche. Enfin, selon le traité des rites fastes rédigé par Füöng P'răp'atson (Bangkok, 1953, p. 100), si la case NE correspond bien à dimanche et à l'astre solaire, l'animal qui sert de monture à la divinité est un lion. Mais notre intention n'est point de relever toutes ces variantes. La case NE étant en rapport avec le chiffre huit contient huit petits gobelets en feuille de bananier ou čǒk remplis de mets: riz grillé, morceaux de banane, riz gluant pétri avec du sucre ou du sésame, chiques de bétel, feuilles de papayer roulées et contenant du sel. Cette case est ornée en outre sur les deux côtés extérieurs de drapeaux rouges, au nombre de huit, faits de petits cônes en coeur de bananier piqués sur des tiges de bambou.

Quant aux autres cases, la case Sud par exemple correspond à mercredi, à Mercure, à l'éléphant. Elle contient vingt et un recipients et est ornée de vingt et un drapeaux blancs.

La case Ouest correspond à jeudi, à Jupiter, au Nāga. Elle contient dix-neuf čǒk et dix-neuf drapeaux jaunes la décorent. La case NO correspond à Rahu. Elle contient douze čǒk et douze drapeaux pourpres la décorent.

La case Nord correspond à vendredi, à Vénus, à la souris. Elle contient vingt-et-un čǒk et vingt-et-un drapeaux verts la décorent.

La case SO correspond à samedi, à Saturne, au tigre. Elle contient dix čǒk et dix drapeaux noirs la décorent.

La case centrale, que Čan On Sa attribue aux *devatā* et le traité siamois cité à Ketu ou "noeud descendant", est réservée par Čan Ku Nu à P'ă Lakkhaṇa, c'est-à-dire selon lui aux caractéristiques du Bouddha et à une "veille" faste. Elle est ornée sur le côte Ouest de cinq drapeaux blancs. Chacune de ces cases comprend en outre une figurine modelée avec de la farine et représentant l'animal du jour. La figurine de la case centrale est censée représenter une divinité qui détruira les puissance maléfiques. Ce qui indique que la tradition suivie par l'ačan Ku Nu n'est pas tellement éloignée de celle qu'observe l'ačan On Sa. Si pour ce dernier en effet c'est la case Sud qui correspond à P'ă Lakkhaṇa, au lion, au chiffre dix-sept et à la couleur violette, une figurine de divinité, et cinq drapeaux blancs ornent la case centrale. La tradition siamoise qui réserve cette case au "noeud descendant" la met par contre en rapport avec le chiffre neuf, la couleur or et les trois rois Nāga: Vāsukī, Šeṣa, Takṣaka.

A côté du kăt'ŏng repose la coupe contenant les honoraires de l'ačan: 10 piastres, des chiques, des cigarettes, cinq cauries--constituées chacune par neuf cônes fixés sur une tige de bambou--une pièce d'étoffe blanche et un verre d'eau dans lequel on a fait macérer des gousses d'*acacia concinna*; deux cierges dont la longueur est égale à la coudée et à la circonférence de la tête du patient et un long fil de coton. Le consultant s'assied face à l'orient de l'animal du jour. Si la consultation a lieu un dimanche, assis au SE, il regardera ainsi en direction du NE tandis que l'ačan lui fera face. Doué de pouvoirs spéciaux, l'ačan en effet n'a pas besoin de regarder dans la direction bénéfique. L'ačan entoure obligatoirement un des drapeaux fichés au NE du kăt'ŏng avec le long fil de coton dont il fait trois fois le tour du kăt'ŏng. Il passe ensuite le fil entre les mains du patient et pose l'extrémité de l'écheveau dans la coupe d'honoraires. Il fixe ensuite le cierge dont la longueur est égale à la circonférence de la tête du patient sur la coupe et l'allume. Le second cierge dont la longueur est proportionnelle à la coudée du patient est allumé et fixé sur la case centrale du kăt'ŏng. L'ačan se prosterne trois fois devant sa coupe d'honoraires dédiée au Bouddha, à sa Loi et à sa communauté; il récite ensuite *Saraṇaṃ, Sŏng k'ŏ*: "Aujourd'hui, je fais le rite pour conjurer le mauvais sort qui menace le dénommé X âgé de ... Je demande que tous les mauvais sorts, les dangers, les malheurs, les maladies provoquées par les troubles sanguins, les troubles des humeurs, les changements physiques (littéralement: la température) disparaissent. Que je les expulse en ce jour!"

L'ačan récite ensuite la longue formule du *sia k'ŏ*, encombrée de phrases en pali corrompu et dont nous ne donnerons que des extraits. Après avoir invoqué les divinités célestes, terrestres, celles qui demeurent dans le monde des Nāga, les quatre divinités gardiennes des quatre orients, l'ačan se place sous la protection du Bouddha, de sa Loi et de sa communauté: "Je me prosterne devant les trois joyaux et je présente ces offrandes, à un moment faste, dans l'enceinte [de la pagode]. Le dénommé X, disciple du Bouddha est exposé au mauvais sort. Il est menacé du carcan, des chaines de fer, de la pendaison. La maladie le menace: fièvre qui provoque la chaleur, fièvre qui cause le froid, plaies, furoncles, maux internes et externes. C'est pourquoi j'ai préparé des offrandes (littéralement: du riz), des cierges en nombre proportionnel à l'âge du patient (il s'agit ici d'une phrase-type que l'on retrouve dans toutes les formules de *sia k'ŏ*, même si le nombre des offrandes n'a aucun rapport avec les années d'âge du consultant), des drapeaux, de la soupe acide, sucrée, du riz grillé, des fleurs pour offrir aux divinités, au Bouddha et à ses disciples qui ont obtenu le Nirvāna. Que grâce au fruit des mérites acquis par le consultant qui a pratiqué l'aumône, maladies, troubles, malheurs disparaissent. Qu'il ne soit point victime des malheurs annuels, mensuels, quotidiens. Qu'il ait une longue vie, qu'il ne meure point prématurément. ... Ecoutez, vous toutes, divinités qui avez pour nom: soleil, lune, Mars, Mercure, Jupiter, Venus, Saturne, Rahu, P'ă Lakkhaṇa, et qui êtes soit amicales, soit inimicales, vous qui avez le pouvoir de faire tomber malade le propriétaire de ce *kăt'ŏng*, de l'exposer aux malheurs de toutes sortes, venez recevoir ces offrandes et que maux et malheurs disparaissent aujourd'hui. ... Vous, soleil, majesté qui demeurez dans une ville nommée capitale du NE et qui êtes vêtue d'une parure splendide, éclatante (littéralement: sans ternissure), de couleur rouge, venez recevoir les offrandes que je vous présente maintenant. Vous, Lune, majesté, qui demeurez dans une ville nommée la capitale de l'Est et qui êtes vêtue d'une parure splendide, éclatante, de couleur blanche, montez sur le garuḍa d'or et venez recevoir les offrandes que je vous présente maintenant. Vous, Mars, seigneur qui demeurez dans une ville nommée la capitale du SE et qui êtes vêtu d'une parure splendide, éclatante, de couleur rouge, montez sur le boeuf d'or et venez recevoir les offrandes que je vous présente maintenant. ... Vous, Seigneur Rahu, qui demeurez dans une ville nommée la capitale du NO, et qui êtes vêtu d'une parure splendide, éclatante, de couleur noire, montez sur le garuḍa d'or et venez recevoir les offrandes que je vous présente maintenant. Vous, Seigneur, P'ă Lakkhaṇa qui demeurez dans une ville nommée "espace du milieu" et qui êtes vêtu d'une parure splendide, éclatante, de couleur blanche, venez recevoir les offrandes que je vous présente maintenant. Vous, tous, *devatā*, génies gardiens, venez recevoir le riz grillé, les fleurs, les drapeaux que le dénommé X a déposés pour vous. Qu'il obtienne la victoire sur tous ses ennemis, que la fièvre et la maladie s'écartent de lui. Qu'il obtienne la chance, devienne riche. Seigneurs, après avoir goûté ces mets, regagnez votre demeure et que le propriétaire de ce *kăt'ŏng* demeure désormais en bonne santé. Que les malheurs de l'année, du mois, des jours, les malheurs du dimanche, du lundi, du mardi, du mercredi, du jeudi, du vendredi, du samedi s'éloignent. Que les malheurs de l'année du rat, du boeuf, du tigre, du lièvre, etc. ... disparaissent. Que le dénommé X ait une longue vie, une vie paisible et qu'il en soit de même pour son épouse chérie, ses enfants et ses petits-enfants. Qu'il obtienne des biens, des esclaves mâles et femelles, des éléphants, des boeufs, des buffles. Quand tous les autres deviennent pauvres, qu'il demeure riche, que l'argent et l'or, les joyaux affluent chez lui tel le sable qui s'accumule en bancs. Que son poulailler soit plein de volailles, que son grenier regorge de riz. Que toutes les divinités qui demeurent aux divers points cardinaux viennent recevoir ces offrandes et écartent tous les malheurs." Quand il invoque chacune des neuf divinités: soleil, lune, etc. ... l'ačan fait une pause. A chaque pause, le patient prend dans une corbeille placée près du kăt'ŏng et contenant neuf boulettes de riz gluant, l'une des boulettes et s'en frotte le corps avant de la déposer dans la case centrale où les divinités annihileront les influences maléfiques dont le consultant s'est débarrassé par cet acte symbolique. L'ačan récite ensuite la *Yannūn*:

"Grâce au pouvoir du Bouddha, que tous les malheurs, les maladies, les mauvais songes, les accidents annoncés par le cri des oiseaux de mauvais augure, que tous les maux causés par le soleil, la lune, Mars, Mercure, etc. ... disparaissent.

Grâce au pouvoir de la Loi que tous les malheurs ... (idem)

Grâce au pouvoir de la Communauté que tous les malheurs ... (idem)

Grâce au pouvoir des bodhisatta que tous les malheurs ... (idem)

Grâce au pouvoir des arhats que tous les malheurs ... (idem)

Grâce au pouvoir de la méditation que tous les malheurs ... (idem)

Grâce au pouvoir des préceptes que tous les malheurs ... (idem)

Grâce au pouvoir des aumônes que tous les malheurs ... (idem)"

(Cf. *Yandunnimittam*, Wells, *Thai Buddhism, its Rites and Activities*, Bangkok, 1939, p. 240.)

L'ačan récite ensuite les prières bouddhiques *Ekanāmakaṃ*, *Dukkhapattā* (cf. Wells, oeuvre citée, p. 230 no. 24), puis le *Catuvika*: "Vous précieux Indra, précieux Devatā, précieux Brahmā, précieux Mahā Brahmā, précieux ermites, vous précieux et éminents ermites, précieux disciples, précieux et éminents disciples, précieux monarques universels, précieux et éminents monarques universels, précieux Bouddha, précieux Bodhisatta, précieux arhats, vous tous qui connaissez les vertus et les fautes et qui possédez le pouvoir de protéger les êtres de ce monde, dissipez les malheurs, écartez les maladies, et que grâce à la vertu du consultant, ce dernier demeure en bonne santé!"

L'ačan remet alors l'écheveau de coton qui repose dans la coupe, au consultant et il brûle, à l'aide du cierge de la coupe, le fil de coton relié au kăt'ŏng tout en récitant les prières bouddhiques: *Namo* et *Kančŏng*. Le bout coupé auquel ont été ainsi transmis les malheurs est déposé dans la case centrale. Lorsque l'ačan brûle le fil, le patient doit retenir sa respiration de façon à "supprimer le mauvais *karma* et à préparer l'avènement d'un être nouveau, sain" (l'ačan dixit).

L'arrêt de la respiration opère comme un vidage de l'être qui recouvre sinon l'état préconceptionnel du moins le stade prénatal, la naissance étant caractérisée par le premier souffle qu'émet l'enfant. Inutile de préciser que cette régulation de la respiration n'acquiert toute sa valeur que du fait qu'elle est contrôlée par l'ačan. Les pouvoirs de l'ačan sont en effet considérables. Il suffit pour s'en convaincre d'examiner le *Năngsü Ubat* ou "livre des calamités" de la bibliothèque royale de Luong P'răbang. Un des chapitres de ce manuscrit se référant aux mauvais sorts particulièrement redoutables et au moyen de les conjurer (*kê k'ŏ luong*) prescrit à l'ačan d'inviter les Thên qui ont aménagé le monde, "sculpté des images humaines dans du bois" et les ont animées en les "faisant naître dans une matrice charnelle" à redresser, déplacer ou changer le *kŏk mĭng kŏk nên* du consultant. Ce *kŏk mĭng kŏk nên* n'est autre que le double arbre de vie que chaque être possède dans le jardin céleste, dès sa naissance. Il existe entre ces arbres et chaque être humain une telle participation qu'une sorte d'osmose s'établit pour ainsi dire entre la sève et le sang, et la croissance des végétaux est en rapport avec le développement de l'organisme. Si l'être tombe malade, les deux arbres dépérissent, leur tronc s'incline, la floraison cesse. Ils ne donnent plus de fruits. Selon ce texte du Nord, l'ačan doit propitier également le "père de la naissance" et la "mère de la naissance", termes qui désigneraient selon certains ačan les parents d'une existence antérieure, selon d'autres, le père et la mère des âmes qui n'ont point encore pénétré dans une matrice. Selon le folklore de S'ieng Khwang, dans le Moyen Laos, quand des âmes désirent renaître, elles demandent à la "mère de la naissance": "Maman, je vais aller cueillir des fleurs dans le jardin des Nên. La "mère de la naissance" marque ces âmes non incarnées et toutefois déjà curieusement charnelles d'une touche d'indigo d'où la tache mongolique! Mais si les âmes s'échappent sans demander la permission, "la mère de la naissance" essaie de les rattraper: les *kŏk mĭng kŏk nên* qui avaient surgi dès leur réincarnation se flétrissent et l'enfant tombe malade. Un *ačan* doit alors offrir des mets à la mère céleste ainsi qu'à la grand-mère *ya mĭng ya nên* qui surveille les deux arbres. Il fixe ensuite à la poutre maîtresse de la maison un tronc de bananier et de canne à sucre symbolisant le double arbre de vie. Étant donné qu'à S'ieng Khwang, la mère de la naissance est surnommée *phi wên*, le génie du *karma*, il se peut que nous atteignions ici un des substrats primitifs laotiens du *karma*. Quoi qu'il en soit, qu'il fasse recouvrer aux arbres célestes leur splendeur, qu'il propitie le père et la mère de la naissance ou qu'il surveille le rythme respiratoire du consultant, l'*ačan* peut modifier la destinée de son patient.

Après avoir disposé le bout de coton brûlé dans la case centrale, l'*ačan* fait porter le *kăt'ŏng* en dehors de la demeure. Après ce rite de conjuration du sort auquel on procède dans tous les cas de maladies, de mauvais présages, ou lors du *săngkhan khŭn*, si l'horoscope prévoit des malheurs pour l'Année Nouvelle, l'*ačan* accomplit un rite complémentaire appelé *bus'a s'ŏk* ou offrande (*bus'a = pūjā*) à la chance pour que le consultant, tout malheur étant écarté, soit heureux à l'avenir. Il place près du consultant un *kăt'ŏng* carré dont les côtés ont la longueur de la coudée du patient. Aux quatre coins de ce *kăt'ŏng* que ne divise aucun compartiment, il fixe un drapeau en lamelles de bananier comportant trois encoches et dédié aux trois joyaux. Tout autour du *kăt'ŏng*, il dispose des drapeaux blancs dont le nombre est proportionnel à l'âge du consultant, dix baguettes d'encens. Le *kăt'ŏng* est rempli de *čŏk* en nombre proportionnel à l'âge du patient et deux cierges sont fixés sur les côtés O et E.

A côté du *kăt'ŏng* repose la coupe d'honoraires de l'*ačan*. Elle contient une certaine somme d'argent, dix cierges, des fleurs, un écheveau de coton pour la "fixation des âmes", une coupe d'eau parfumée, deux cierges dont la longueur est égale à la circonférence de la tête du patient et à sa coudée, un grand fil de coton avec lequel l'*ačan* entoure trois fois le *kăt'ŏng* en commençant par l'angle NE. Ce fil ne passe point entre les mains du patient et son extrémité repose dans la coupe d'honoraires.

L'*ačan* allume les deux cierges du *kăt'ŏng*, le cierge dont la longueur est égale à la circonférence de la tête du consultant. Ce dernier cierge est fixé sur la coupe d'honoraires. L'*ačan*, mains jointes devant la coupe, face au consultant, récite:

"Aujourd'hui je vais accomplir le *bus'a s'ŏk* pour le dénommé X, âgé de X années. Je demande qu'il remporte la victoire et triomphe de tous ses ennemis."

Il récite ensuite les prières bouddhiques: Ekanāmakaṃ, Namo, Buddhaṃ, puis la formule du *bus'a s'ŏk* qui convie simplement les différentes divinités des jours de la semaine, des orients à venir goûter les mets offerts par le consultant que le rite précédent de la conjuration du sort a mis à l'abri des malheurs:

"Que les divinités qui ont nom Soleil, lune, Mars, etc. ... opportent la chance à celui qui s'est débarrassé en ce jour des malheurs. Que le soleil qui réside dans la ville du NE et qui est vêtu d'une parure splendide, brillante, de couleur rouge, vienne recevoir ces offrandes du *bus'a s'ŏk* accompli pour celui qui est débarrassé en ce jour des malheurs, etc. ..."

Il prend ensuite le cierge allumé sur la coupe d'honoraires, fait grésiller la cire de ce cierge au-dessous de la coupe d'eau parfumée tout en récitant le *Sugato* et une gāthā incompréhensible. Il offre cette eau ainsi consacrée au patient pour qu'il s'en asperge. Il prend ensuite l'écheveau de coton réservé à la fixation des âmes, il balaie avec quelques fils le poignet droit du patient, en expulsant les malheurs vers la paume "Que toutes les peines, les soucis, les malheurs soient apaisés, disparaissent en ce jour". Puis il fixe un bracelet de coton au poignet droit du consultant en murmurant:

"Si vous demeurez dans votre maison, que la chance vous comble! Si vous sortez de votre demeure; que la chance vous comble! Si vous montez à cheval, assis sur la selle, que vous obteniez mille parures, de l'argent en quantité! Si vous dormez, obtenez dix mille pièces d'argent! Si vous vous réveillez, obtenez cent mille pièces d'argent! Si vous ouvrez la main, obtenez des pierres précieuses! Que vous obteniez des éléphants, des chevaux, des buffles, des boeufs! Que tous les hommes vous félicitent. Que les parents qui vous entourent soient bons à votre égard! Que l'argent, l'or brillant s'accumulent dans votre demeure! Que vous deveniez un chef éminent!"

Il fait ensuite le même rite sur le poignet gauche.

Au Trân-ninh, lors de l'année de la souris et du chat, on procède au *sia k'ŏ, āradhanā devatā*: conjuration du sort, invitation des divinités. Ce sont les bonzes qui accomplissent ce rite. Si à Basăk on peut procéder à ce rite n'importe quel jour, au Trân-ninh, il faut éviter au 5°, 6° mois--époque du Nouvel An--les jours *mü hăp, mü kăt, mü kŏt*, jours cycliques d'un usage presque "exclusif chez les Khas et qui sont d'un emploi courant dans les campagnes lao éloignées" (cf. Phetsarath: "Le calendrier lao," p. 791).

Le jour fixé, le patient prend place devant un *kăt'ŏng* de composition presque identique à celui utilisé à Basăk. Le rapport entre les cases, le chiffre du jour, l'animal du jour et les couleurs varient toutefois quelque peu. Selon le frère ainé de Čăo S'ăi K'ăm, ex-chef des bonzes de la pagode S'i P'ŏm et exorciste renommé, la case NE correspond à dimanche, au soleil, au chiffre six et à la couleur rouge. Elle est ornée de six drapeaux en papier rouge et contient outre la figurine d'un boeuf modelée avec de l'argile, six boulettes de riz coloriées en rouge, six *čδk* de soupe sucrée, de soupe acide, six *čδk* de viande, de poisson, six chiques, six cierges.

La case Est correspond à lundi, à la lune, au chiffre quinze, au *garuḍa*, à la couleur blanche. Elle est ornée d'un figurine représentant l'animal du jour, de drapeaux blancs au nombre de quinze et contient des mets, des cierge, etc. ... en rapport avec le nombre du jour.

La case SE correspond à mardi, à Mars, au chiffre huit, au chat, à la couleur rouge.

La case Sud correspond à mercredi, à Mercure, au chiffre dix-sept, au roi des lions, à la couleur jaune.

La case Ouest correspond à jeudi, à Jupiter, au chiffre dix-neuf, au Naga, à la couleur jaune.

La case NO correspond à Rahu, au chiffre douze, à la souris, à la couleur noire.

La case Nord correspond à vendredi, à Vénus, au chiffre vingt et un, à l'éléphant, à la couleur blanche.

La case SO correspond à samedi, à Saturne, au chiffre six, au tigre, à la couleur noire. La case centrale à Lakkhana, au chiffre neuf, aux Devata, à la couleur blanche.

Ce *kăt'ŏng* à neuf compartiments contient outre les *čδk* de mets et les figurines de l'animal du jour, des cierges dont la longueur est proportionnelle à la coudée, à la circonférence de la tête et du thorax des membres de la famille du consultant. Ces cierges ne sont pas allumés. Sur le *kăt'ŏng*, le bonze dispose en outre, enveloppé dans un tissu blanc, des vêtements appartenant aux membres de la parenté. Une chemise ou une veste du consultant sont posés dans un paquet à part. Ces vêtements constituent des appartenances, des substituts du corps du patient et des membres de la famille habitant dans la même demeure. Près du *kăt'ŏng* au sud, reposent deux coupes. L'une appelée "ligature d'arec" contient des morceaux d'arec enfilés,

un paquet de sel, une brasse d'étoffe blanche, cinq paires
de cierges, cinq fleurs. La seconde contient quatre paires
de cierges d'un poids de un *bat*, quatre paires de fleurs
blanches. Au Nord, sont disposés un bol à aumônes rempli
d'eau parfumée et une coupe renfermant cinq, huit et quatre
paires de cierges, des fleurs et une certaine somme de
monnaie constituant les honoraires du bonze.

Le bonze fixe sur le bol à aumônes trois cierges dont
la longueur est proportionnelle au tour de tête, au tour
de taille et à la coudée du patient, puis il allume ces
cierges. Le consultant s'assied à l'Ouest, face au religieux qui assis à l'Est va conjurer les malheurs en direction du soleil couchant. Le bonze tient en main un écheveau de coton dont l'extremité est nouée à un des drapeaux
du NE. Ce fil entoure le *kăt'ŏng*, passe sur l'épaule
droite du consultant et entoure le bol à aumônes et la
coupe d'honoraires. Il constitue une enceinte magique.
Le consultant demande les préceptes. Le bonze récite les
préceptes, puis le *Maṅgalasutta*, la gāthā *Ñòt Navang*, le
Dharanisāra luong, et la gāthā *s'ia khên* qui énumère tous
les mauvais présages, signes de calamités: vautour ou
hibou se perchant sur le toit, serpent, chien ou buffle
pénétrant dans la demeure, chevreuil pénétrant dans l'étable, coq de bruyère se dissimulant dans le poulailler,
riz devenant rouge à la cuisson, marmite se mettant à
gémir, bambou à résonner sans que quiconque le frappe,
etc. ...

Normalement, l'énumération de ces mauvais présages ne
figure que dans les textes récités lors du *s'ia ubat*:
expulsion des calamités, rite qui requiert la confection
de huit *kăt'ŏng* triangulaires. Vu la dégénérescence des
traditions, les emprunts, les influences, ces rites de
conjuration présentent un véritable syncrétisme.

Le bonze pose ensuite l'écheveau dans la coupe d'honoraires, prend les cierges fixés sur le rebord du bol à
aumônes et fait couler la cire dans l'eau en récitant la
gāthā "l'eau sort du bassin" qui énumère toutes les eaux
rafraîchissantes qui dissiperont les maux: l'eau qui sort
du muffle de la lionne jaune, de la bouche de la bufflesse
puissante, de la nagi, etc. ... Prenant un rameau d'*acacia
concinna* et de *cassia fistula*, le bonze asperge avec cette
eau bénite le consultant en récitant la gāthā "disparition
des malheurs". Il tend ensuite le bol à aumônes au patient
qui va dans une pièce attenante procéder avec l'eau restante
à des ablutions, le visage tourné vers l'ouest. Le consultant reprend sa place près du *kăt'ŏng*. Le religieux
récite le sermon *Unahisavijayasutta* [cf. Wells, *Thai
Buddhism*, p. 268 no. 182] qui retrace les malheurs du "fils

des dieux" Supatitthadevaputta condamné à tomber en enfer, à renaître aigle, vautour, tortue, porc, chien et à devenir sourd, aveugle. Un des amis de ce fils des dieux sachant que ce dernier allait bientôt mourir le prévint du sort qui l'attendait. Le fils des dieux implora Indra qui plaida sa cause auprès du Bouddha. L'omniscient expliqua les causes qui devaient entraîner ce mauvais *karma*. Cette rétribution toutefois n'était point inéluctable. Il suffisait que le fils des Dieux prononçât une gāthā que le Bouddha remit à Intra pour mettre fin à l'enchaînement des causes et des effets. Le fils des Dieux copia cette formule sacrée, l'apprit et échappa à la mort. Après la récitation de ce sermon et de la gāthā, le consultant offre la coupe au bonze en récitant la "demande de pardon". Ce dernier fixe des cierges allumés sur le *kăt'ŏng* qu'il pose soigneusement sur une termitière ou un lieu élevé (un arbre par exemple) pour que les Devatā viennent manger les mets.

31. Les čăms défunts sont soumis au *karma* comme tous les êtres. Toutefois, en tant qu'experts, ils dépendent du dieu des techniques: P'ĭtsănŭkukan (Viśvakarman) ce qui leur confère une certaine stabilité.

32. A Luong P'răbang, le nettoyage de l'autel des ancêtres danseurs a lieu le matin même du *săngkhan păi*. A S'ieng Khwang, où "l'autel des maîtres" est balayé également au *săngkhan păi*, le čăm dispose le lendemain, sur le reposoir des Thên, deux coupes contenant des fleurs, cinq paires de cierges et des mets sucrés. Ces offrandes sont remises par la famille princière et le Čăo Müang.

33. Il s'agit de neuf emblèmes en bambou tressé de forme hexagonale qui sont fixés ensemble.

34. Cette coupe offerte en honoraires aux génies permet au médium d'établir le contact avec les divinités. Elle est constituée par un plateau d'argent sur lequel les préparatrices placent un grand cornet en feuille de bananier dans lequel elles insèrent trente-deux *s'uei* contenant chacun deux cierges et des fleurs rouges; un bol de riz blanc surmonté de deux oeufs crus, d'une barre en argent ayant la forme d'une pirogue et d'un *s'uei* contenant une piastre; une cupule à alcool, deux cruchons d'alcool, huit noix d'arec, huit feuilles de bétel, huit pièces d'argent, deux écheveaux de coton, deux grands cierges, une pelote de coton entourée de cierges dans laquelle sont piquées deux fleurs rouges.

35. Les offrandes comprennent: un poulet bouilli, une noix de coco; un plateau contenant trois bols de riz sucré, une bouteille d'alcool, un *s'uei*; un plateau chargé de neuf

bols de riz sucré et de trois bananes; un plateau orné
d'une fleur de bananier qui symbolise une tête de porc;
deux plateaux contenant respectivement six et huit bols de
riz sucré et des fruits; deux plateaux de sept bols de
composition identique; quatre plateaux surmontés de deux
bols de dessert et un plateau contenant quatre récipients
en feuille de bananier ou *čɔk* garnis de bananes, de riz
sucré et de *s'uei*.

36. Trois des plateaux contenant deux bols ainsi que la noix de coco.

37. Pour circuler en ce monde et inspecter l'ex-royaume, les Thên disposent d'éléphants ou de chevaux divins qu'ils attachent, au retour, au *lăk* (ou *săo*) *k'wan s'àng*, mât des cornacs, encore appelé *lăk s'àng lăk ma*, poteau des éléphants, poteau des chevaux. Il s'agit de deux piliers reliés par une poutre centrale (ou *săo s'ê*, mât incliné) et qui s'appuient contre la véranda de "l'autel d'or."

38. *Morinda citrifolia*. Les feuilles de cet arbuste de même que celles du *cassia fistula* (*k'ŭn*) sont censées, par suite d'un jeu de mots—*ño* signifiant aussi "louer" et *k'ŭn*, "multiplier"—procurer l'abondance, la fortune, les honneurs.

39. Ces *taléo* de forma hexagonale sont fixés sous la planche même et les côtés des reposoirs.

40. Pour incarner les génies, le médium torse nu (la chemise et les pendentifs bouddhiques constituant un obstacle à l'incarnation) s'assied devant la coupe d'honoraires, face au reposoir des Thên. Il se prosterne trois fois, prend trois pincées de riz dans un bol dit "de riz à utiliser" placé près de la coupe d'honoraires et les jette sur la coupe amorçant ainsi la descente des divinités. Il se prosterne à nouveau puis demeure immobile, le regard fixe, les mains jointes. Quelques minutes plus tard, il laisse tomber ses mains sur les genoux signifiant ainsi que l'incarnation s'est opérée. Il indique alors du doigt parmi les *sămpŏt*, turbans, écharpes empilés près de lui, sur un plateau, le vêtement propre au génie qu'il incarne. Le *čam* l'aide à s'habiller. Quand le génie le quitte, le médium jette trois pincées de riz sur sa coupe.

    Durant les périodes d'incarnation, le médium éprouve, dit-il, une impression de légèreté extraordinaire. Les êtres qui l'entourent deviennent de plus en plus petits; brusquement il se sent coupé du monde extérieur, "il ne voit plus rien, n'entend plus rien" comme s'il était plongé dans un profond sommeil. Quand les génies l'abandonnent, il revient lentement à lui, les êtres reprennent peu à peu leur apparence normale mais il ne se rappelle plus rien de ce qui s'est passé durant l'incarnation.

41. La famille princière demande si Čăo K'ăm Sŭk et Čăo Ras'ădă-năi sont déjà arrivés. Le médium d'une voix rauque, à peine audible répond que les ancêtres (*pu-tă*) sont présents et qu'ils se réjouissent de voir que les rites n'ont pas été abandonnés. Chacun interroge ensuite le médium sur les événements futurs susceptibles de modifier sa situation.

42. Le *ba si* est une forme spéciale du *su khwăn* ou appel et réception de l'âme. Il est réservé pour l'accueil des grands mandarins en tournée, en instance de départ. Il est accompli en hommage au roi et aux grands dignitaires le jour du Nouvel An. (Cf. "Le Sou khouan" par Nguyen Van Lanh, *Bulletin de l'Institut Indochinois pour l'Etude de l'Homme*, tome 5, 1942, pp. 106-114.)

43. T'ên K'ăm incarné dans le médium et revêtant l'apparence d'un simple monarque semble avoir perdu quelque peu de ses pouvoirs transcendants, aussi pour chasser les malheurs a-t-il besoin de l'aide des bons monarques. Si la confusion établie par la croyance populaire entre les Thên et les monarques défunts permet le plus souvent de masquer la faiblesse des souverains, elle risque cependant d'amoindrir la puissance des Thên, ce qui est le cas ici. Comme les médiums et les *čăms* établissent fort bien la distinction entre Thên et monarques, il est vraisemblable que ces voeux de Nouvel An ont été élaborés par un ačan étranger au personnel sacré. En 1953, les voeux furent prononcés par l'ačan Bua du quartier de Wăt Amat.

44. Ce prince, fils de la nourrice du roi de Sisăket et d'un éléphant divin, tua un redoutable yakṣa qui s'était emparé de Nang Sida la fille du roi de Čămpa. Cf. "L'histoire de Čămpasăk," in article cité, p. 521 sq.

45. Durant la récitation des voeux, le médium, les *čăms*, la famille princière et les notables doivent toucher le plateau de la main droite ou le pincer du bout des doigts, la dextre étant la main de l'action. La paume doit être dirigée vers le haut dans le geste de recevoir. La formule récitée, le docteur en voeux place, dans la main droite du médium, un des oeufs qui surmontent la coupe, une banane, une boule de riz. Ces offrandes rappellent--l'oeuf, symbole de vie, mis à part--celles que l'on présente au Bouddha. La main ainsi chargée comme un autel "doit inciter les divinités à rendre efficaces les voeux formulés". Saisissant un des fils de l'écheveau, le docteur balaie le poignet

droit, dans les deux sens de l'axe, pour chasser les malheurs puis il détache (ou brûle), à chaque extrémité du fil, un petit bout pour expulser définitivement les pestilences. Il attache le fil autour du poignet puis comme l'a fort bien noté Nguyen Van Lanh "il saisit les deux chefs du noeud entre le pouce et l'index et les roule ensemble une seconde environ le temps de terminer la formule de souhait (la second formule) qu'il a commencé à murmurer dès le début (de la ligature): "Venez esprits, je lie à gauche, que les âmes viennent! Je lie à droite, que les âmes restent". Pendant que le docteur lie le poignet droit, le médium tient sa main gauche appuyée contre la joue en signe de respect. Tous les assistants soutiennent, pendant ce temps, de la main droite--si possible--le coude droit du médium "formant ainsi autant de colonnes qui assureraient l'équilibre d'un toit". Le *mɔ̀ p'ɔ̀n* procède alors seulement à la ligature du poignet gauche.

46. Chez les personnes du peuple, c'est le père de famille qui procède généralement à ce rite car lui seul connaît quelques vagues formules. Il met des fleurs dans une coupe, y fixe un cierge allumé et noue des fils de coton aux poignets de sa femme et de ses enfants. Puis son épouse, ses fils et ses filles lui lient les poignets. "Le plateau des âmes" est disposé ensuite à l'intérieur, près de la colonne contenant les âmes de la maison (*sǎo khwǎn*), en offrande à la déesse de la terre. A Basăk, en effet, sous les pilotis des demeures, une pierre symbolisant Naṇg Dharaṇī est parfois posée contre le *sǎo khwǎn*. Après le *ba si*, des fils de coton sont noués également autour du col de la marmite, de la jarre et des mancherons de la charrue, tous ces objets étants censés posséder une ou plusieur âmes. Un dénommé Un Rüan, originaire de Luong P'răbang qui est établi à Basăk depuis trente ans comme bijoutier, offre à P'itsanukukan (viśvakarman) génie des artisans, un plateau contenant une tête de porc.

A Luong P'răbang vers 11 h. après le *ba si* au roi, à la reine, au prince héritier, on procède à un *ba si* spécial en l'honneur des éléphants royaux dans la cours du palais. Un délégué apporte au chef des cornacs ou *p'ya s'àng* un plateau contenant deux mains de bananes, des gâteaux, une noix de coco, un tube de bambou sur lequel est enroulé du coton, des *s'uei* ornés de cierges et de fleurs en nombre proportionnel à celui des pachydermes. Le chef des cornacs offre alors tour à tour à chaque cornac un gâteau, une banane. Le *p'ya s'àng* noue un fil de coton autour de l'oreille droite de chaque éléphant en lui demandant pardon pour les coups et les injures qu'il a subis durant l'année. Il place un *s'uei* et un fragment de gâteau sur la tête de l'animal qu'il oint ensuite d'alcool. Dans le quartier de Wăt T'at, les bijoutiers procèdent à un *ba si* particulier en l'honneur de Viśvakarman. Chaque maître-artisan place, sur le billot de son enclume, une coupe contenant de grands cornets en feuille de bananier ornés de fleurs. Sur le reposoir du génie, à gauche du soufflet, il pose une coupe de fleurs et un étendard en papier sur lequel sont dessinés les animaux du cycle. Il fixe deux *s'uei* sur chaque montant du soufflet, allume un cierge sur l'autel et sur la planche reliant les soufflets. Son assistant apporte alors un plateau contenant un poulet bouilli, deux assiettes de patates, deux assiettes de gâteaux de riz grillé, un écheveau de coton, une bouteille d'alcool. Le plateau est posé entre l'enclume et la pierre à aiguiser. Sur cette dernière, le maître-artisan place la tête du poulet et des fragments de patates et de gâteaux. Il lève ensuite la grande coupe posée sur le billot et demande à viśvakarman d'écarter de lui maladies et blessures et de lui apporter bonheur et prospérité. Il attache des fils de coton autour du marteau, de l'enclume, des pinces et du soufflet en prononçant le même voeu. Il verse un peu d'alcool sur le foyer et pose la coupe sur le reposoir. Tous les quinzièmes jours de la lune croissante et décroissante, il devra, désormais, changer les fleurs de cette coupe en récitant *Namo* et en demandant au génie de lui assurer longue vie et prospérité.

A S'ieng Khwang, après le *ba si* au prince Čăo Săi K'ăm, le soir, à 20 h., un ačan pénètre dans la cuisine de la demeure princière. Devant lui, on place un "plateau des âmes" contenant un poulet bouilli, un panier de riz gluant, des *s'uei* et des fleurs. L'ačan pose le plateau devant la marmite et le *wat* (sorte de cône en bois qui sert à cuire le riz gluant). Sur ces instruments culinaires, il laisse pendre des fils de coton. Il allume un cierge sur le plateau et murmure à l'intention des âmes de la marmite et du *wat*: "Salut! Salut! L'année monte sur un animal faste, (change) de signe zodiacal, monte sur un animal nouveau. L'année s'écoule mais nous ne demeurons pas inactifs. Nous avons apporté des offrandes pour célébrer le *ba si* de la grand mère marmite, de la "jarre de riz" (le *wat*) qui président et protègent toutes les activités domestiques. Que grâce à la puissance de la grand-mère marmite, du trépied (du foyer qui repose) près de la colonne (de la maison) nommée poteau des âmes, nous vivions en paix!"

L'ačan place ensuite de minuscules morceaux de viande et des boulettes de riz sur le rebord de la marmite pour les âmes timides qui demeurent blotties au fond puis il lie des fils de coton autour de la marmite et du *wat* pour que les âmes ne désertent point ces objets ménagers. En attachant les fils il prononce: "Salut! J'ai du fil de coton blanc, pur comme de l'or, comme le cristal de roche. Je lie les âmes à droite pour qu'elles demeurent. Que les âmes demeurent groupées dans la maison, demeurent tel le hibou ou le chat qui surveillent la maison".

47. La victoire du clan féminin lors du jeu rituel de la lutte à la corde contribuait également jadis, en tant que la femme est liée à la sexualité brute, à retrouver, sous le cadre de la nature naturée, l'élan de la nature naturante. De même au XIe mois, lors de la course de pirogues, le renversement temporaire de la société en faveur des aborigènes représentants de la sexualité à l'état pur a pour fonction, en perturbant l'ordre sclérosé, de capter les forces vives non contrôlées qui jaillissent par un retour au chaos. Mais ces forces doivent être enserrées ensuite dans un nouvel ordre imposé par le clan mâle ou la chefferie. Ainsi au XIe mois, le dernier jour de la cérémonie, par l'offrande d'une jarre d'alcool au prince, les aborigènes qui pendant trois jours se sont conduits en maîtres se reconnaissent finalement les esclaves de l'ordre nouveau établi au profit de la Seigneurie.

48. Cette boîte à reliques est placée sur une petite table au fond de la chambre, à gauche, juste devant le portrait de Čăo K'ăm Sŭk.

49. "Coupe cinq", c'est-à-dire coupe contenant cinq paires de cierges.

50. Sous Čăo Ras'ădănăi, le personnel sacré, à l'occasion du rite d'"offrande de voeux", venait, de P'ă Pĭn, dans la pirogue consacrée aux génies protecteurs que l'on ne sort de nos jours que lors de la course de pirogues. En passant devant Wăt Sidačan--pagode aujourd'hui détruite--il puisait de l'eau avant d'en puiser à nouveau en face du pavillon de la victoire. C'est avec ces "eaux mêlées" que le médium aspergeait le bouddha de gemme.

51. En cas de sécheresse persistante, les habitants de Čămpasăk aspergent également le bouddha de gemme et le prince, avant de procéder au sacrifice d'un buffle payé par celui d'entre eux qui s'est rendu coupable de quelque violation d'interdits (par exemple un veuf qui aura fait procéder à l'incinération de sa femme morte enceinte). En conséquence, le chef de la province doit offrir aux génies une coupe de pardon et le fautif un bovidé, quatre brasses d'étoffe blanche, plus une menue somme d'argent. Čăo Silomé pour descendre le palladium procède au même rite que lors du Nouvel An. Après L'ārādhana il ajoute toutefois l'invocation

suivante: "Maintenant les habitants, ainsi que les chefs de villages, de circonscriptions et les fonctionnaires viennent demander la pluie pour ensemencer et repiquer le riz dans les rizières. Par suite de votre puissance, bouddha de cristal, faites que la pluie tombe en accord avec la saison, que les plants soient prospères!" Après la récitation de l'invocation aux divinités par l'ačan Kŭn Nòn, dans la pièce du rez-de-chaussée, le bouddha est simplement aspergé avec de l'eau parfumée. Le prince est ensuite arrosé comme lors du Nouvel An. Čǎo Bŭn Um et ses frères suivis de la population se dirigent ensuite vers Wǎt T'òng. Chacun fixe sur le reliquaire de Čǎo K'ǎm Sŭk un cierge allumé, asperge le *t'at* et le couvre de fleurs. Les princes et l'ačan derrière lesquels sont groupés les villageois s'accroupissent près du *t'at* et prononcent: "Mes respects! Par votre puissance miraculeuse, Seigneurs-ancêtres, que la pluie tombe, que les habitants vivent dans la paix, la tranquillité, qu'ils ensemencent et repiquent leurs rizières. Ayez pitié d'eux! Que le riz et les poissons abondent!" Pendant ce temps, les habitants du quartier de Wǎt T'at aspergent le reliquaire du fondateur spirituel de la principauté, puis un ačan prononce, devant le *t'at*, une invocation semblable à celle que formulent les princes à Wǎt T'òng. Le lendemain, le buffle est sacrifié à la lisière de la forêt, au Nord de P'ǎ Pĭn, par le même aborigène qui est chargé des hautes oeuvres, lors de la course de pirogues. Il est aidé dans sa tâche par le maître du rituel de l'autel consacré aux génies "Deux soeurs", fonctionnaires subalternes de T'ên K'ǎm qui montent la garde à la marche Nord de P'ǎ Pĭn. Chairs grillées, bouillies ou crues sont ensuite offertes aux Thên dans l'autel d'or et l'autel des préparatifs. Le médium qui incarne T'ên K'ǎm renvoie ensuite les génies. Ce rite du *sŏng k'ien* est assez particulier. Le cortège comprend outre les porteurs de sabres et de fusils, cinq personnes portant respectivement: une cuvette qui contient les quatre brasses d'étoffe blanche offertes par le coupable; un plateau de quatre poulets bouillis; un *kǎt'ŏng* de viande bouillie et grillée; un fléau dont chaque extrémité s'orne de deux morceaux de viande crue enfilée (*s'in put*: part de viande); une marmite hors d'usage et un vieux cornet tressé servant à cuire le riz gluant. Toutes ces offrandes sont disposées devant ou sur un petit autel temporaire--simple claie tressée reposant sur quatre piquets--érigé par le *čǎm* des "Deux soeurs", à l'orée de la forêt. Les quatre "parts de viande" sont obligatoirement fichées aux quatre coins de la claie. Le maître du rituel de l'autel des Thên verse de l'alcool sur le *kǎt'ŏng* en disant: "Maintenant, nous avons reçu l'amende du coupable. Venez Seigneurs en toucher le prix. Čǎo T'ên K'ǎm sert de témoin au rite du *sŏng k'ien*. Regagnez Seigneurs vos demeures.

La charge de viande, la charge de poissons (?), les quatre brasses d'étoffe, les quatre poulets bouillis et les quatre bouteilles d'alcool sont offertes aux (génies) qui provoquent la pluie. Qu'il vente et pleuve et que la prospérité soit!" Le médium puise dans sa coupe "de riz à utiliser"-- qui sert au processus des incarnations et des désincarnations--quelques grains qu'il jette sur les offrandes. Quand les porteurs de fusils ont tiré un coup de feu, le médium, un sabre dans chaque main, lève lentement le bras droit puis le bras gauche pour renvoyer les génies. Grâce à la marmite et au cône tressé, les esprits qui ont un long parcours à effectuer pour regagner leurs demeures pourront faire cuire, en chemin, leurs provisions. Portant une petite pirogue en tronc de bananier remplie de viande, le *căm* des grands autels gagne ensuite la rive du fleuve. Il dispose des fleurs rouges dans l'esquif, fixe deux cierges allumés sur la proue et la poupe, verse quelques gouttes d'alcool sur l'embarcation des génies et murmure: "Maintenant la cérémonie du *lang dĭn* (laver la terre [avec le sang du buffle] est terminée. Les Seigneurs du Nord, du Sud, de l'Est, de l'Ouest qui ont participé à cette cérémonie doivent regagner leurs demeures. Qu'ils fassent pleuvoir pour que les plants de riz dans les rizières soient prospères!"

52. A Luong P'răbang, l'après-midi du *săngkhan păi*, vers dix-sept heures, les jeunes gens érigent des *t'at* de sable à Dŏn S'ăi et à Măk Năo. Sur ces *t'at* arrosés de lait de chaux sont plantés des fanions représentant l'animal de l'année, des cierges sont allumés. Selon les uns, l'érection de ces monticules doit procurer richesse, longévité ou simplement accroître les mérites. Selon les autres, elle doit extirper les péchés commis durant l'année, voire durant toutes les années d'âge accomplies, d'où les petits *t'at* dressés autour de l'éminence centrale dont le nombre serait en rapport fractionnel avec l'âge du constructeur. (Sur ces rites au Siam cf. *JSS*, vol. XLII, i, 1954, p. 25, et au Cambodge cf. Mme Porée-Maspero: *Etudes sur les rites agraires des Cambodgiens*, Mouton, 1962, p. 46 sq.) A Basăk, c'est l'après-midi du jour intercalaire que quelques enfants élèvent, sur la rive du Mékhong, de simples *t'at* de sable, sans aucun rite, mais aucune croyance précise ne s'attache plus à l'érection de ces monts.

A Luong P'răbang, immédiatement après la construction des *t'at*, les habitants lâchent oiseaux, poissons, iguanes qu'ils ont achetés le matin même, au marché rituel de Wăt Măi. En libérant ces animaux, ils formulent le voeu suivant: "Je vous libère pour que vous soyez heureux et obteniez le bonheur. Puissé-je dans cette existence échapper à tout péril et dans une existence future obtenir s'il est nécessaire, une libération semblable". Selon une légende bouddhique, un devin prédit, autrefois, à un bonzillon qu'il mourrait dans une semaine. Le bonzillon quitta aussitôt la pagode pour revoir ses parents et leur dire adieu. En cours de route, il aperçut une mare en voie d'assèchement dans laquelle se débattaient des poissons. Touché de compassion, il transvasa dans un étang voisin les poissons que l'asphyxie menaçait. Par suite de cette action vertueuse son existence fut prolongée. Si actuellement ce rite de libération est pratiqué uniquement au Nouvel An, jadis, selon nos informateurs, il était également inclus dans deux cérémonies royale aujourd'hui disparues: "L'offrande des huit malheurs" et le *sŭp săta müang*.

La première cérémonie était célébrée uniquement lors des épidémies. Sur une table placée sur la véranda du palais étaient disposés huit *kăt'ŏng* remplis de mets et ornés de figurines en terre représentant diverses divinités. Ainsi le *kăt'ŏng* placé à l'Est comportait une statuette d'Indra armé d'une masse; celui du S.E., la divinité du feu montée, selon nos informateurs, sur un rhinocéros (?) et tenant à la main, un arc; celui du Sud, P'aya Yamarāja assis sur un buffle et tenant un arc; celui du S.O., Viṣṇu monté sur garuḍa; celui de l'Ouest, un garuḍa tenant un lasso et monté sur un nāga; celui du N.O., Vāyu, le dieu du vent assis sur un cheval et tenant d'une main un fouet, de l'autre un arc; celui du Nord, Candra, le dieu de la lune, dans son palais. Dans le huitième orienté N-E trônait Śiva monté sur un boeuf. A côté des *kăt'ŏng* et sous la table s'amoncelaient les offrandes: noix de coco, palmes, cauries, tubes de bambou recouverts d'or et d'argent en nombre proportionnel à l'âge du souverain, veste, sămpŏt, plus les "honoraires pour inviter les malheurs" qui comprenaient outre un paquet de sel--substance prophylactique--une natte et une marmite. Quatre bonzes placés face aux offrandes récitaient alors le *Sutta Upaddava* ou prière [pour l'expulsion] des mauvais présages. Le roi faisait ensuite livrer aux bonzes des différentes pagodes, des chevaux, des buffles, des éléphants qu'il rachetait ensuite moyennant une certaine somme d'argent. Ce passage dans la pagode purifiait dit-on les animaux et écartait tout danger d'épidémie. Le souverain et les grands dignitaires libéraient ensuite des oiseaux, des poissons, des tortues. Les *kăt'ŏng* contenant les figurines étaient déposés dans la cour des pagodes, ces lieux saints immunisant contre les malheurs.

La seconde cérémonie était célébrée chaque année au VIIe mois--selon nos informateurs--ou au VIIIe mois selon le traité des douze rites--sous la présidence du chef des bonzes de Wăt S'ieng T'ŏng pour perpétuer la fortune du

Müang. Dans la salle du trône, on disposait les offrandes
comprenant des cierges dont la longueur était égale à la
coudée droite et gauche du souverain, des récipients ou
čŏk contenant des noix d'arec en nombre proportionnel à
l'âge du souverain, un panier de riz blanc et un panier de
sable dont le poids était égale à celui du monarque. En
dehors de ce cercle d'offrandes étaient placés des cages
contenant des oiseaux, des marmites renfermant des poissons,
des tortues, des mollusques. Chacune de ces espèces ani-
males était en nombre proportionnel à l'âge du souverain.
Le troisième jour, cinquante bonzes récitaient le sŭp sata
Müang, puis le roi soulevait une des cages en formulant le
voeu que si un jour, il se trouvait dans une phase critique,
il reçut de l'aide, en vertu de celle qu'il apportait, en
ce jour, aux animaux captifs. Il faisait relâcher alors
les oiseaux, les poissons, etc. ... Le quatrième jour,
après qu'un repas eut été offert aux bonzes dans le palais,
(la quantité de riz offert devait être proportionnelle au
poids du souverain) on érigeait à Wăt Măi, avec le panier
de sable, un *t'at* pour assurer la prospérité du monarque
et du royaume.

53. L'après-midi du *săngkhan păi*, à 13 h, le frère aîné de Čăo
Săi K'ăm, ancien supérieur des bonzes de la pagode Si P'ŏm,
place sur une table, dans le jardin de la demeure princière, les bouddha familiaux ainsi que les talismans: dents
de cerf, cornes de rhinocéros, chemise ornée de *gāthā*,
sachet contenant les os de Čăo S'ăiñawŏng [Jayavaṃsa], son
père. Il remet à chacun des membres de sa famille deux
s'uei et deux cierges. Il se prosterne et récite lentement, pour que ses parents puissent répéter, l'invocation
suivante: "Salut! Salut! la petite gourde asperge le
sommet du reliquaire Cūlāmaṇi. L'eau coule au Nord, elle
coule au Sud arrosant la princesse Dharaṇī. Que vous
m'ameniez jusqu'au trône de la félicité! Que je ne con-
naisse point la pauvreté! Que je ne tombe point dans
l'enfer Avicī! Que j'aille renaître auprès du précieux
Bouddha, auprès du futur bouddha Maitreya! Que mes voeux
soient réalisés!" Tous les membres de la famille aspergent
ensuite statues, talismans, ossements avec de l'eau parfumée. Après la récitation du *Gārava*, les objets sacrés sont
enfermés à nouveau dans une armoire qui sert de reliquaire.

54. L'après-midi du *săngkhan khün*, le frère aîné de Čăo Săi
K'ăm invite huit bonzes de Si P'ŏm à célébrer cette cérémonie dans la chambre des Bouddha. Devant les religieux
assis au Nord reposent un bol à aumônes rempli d'eau et un
grand *kăt'ŏng* rectangulaire divisé en neuf compartiments
contenant chacun des cierges, un *čŏk* de soupe acide, un
čŏk de soupe sucrée, de la viande, du poisson, des gâteaux
de riz, du riz colorié en noir, en rouge et en jaune. Le

compartiment central ou "palais" comprend un grand cornet en feuille de bananier contenant neuf cierges blancs. Les bords du kăt'ŏng sont ornés de petits drapeaux faits d'une tige de bambou sur laquelle un triangle de papier blanc est enfilé. Il y en a, au total, cent dix-sept. Des banderolles représentant l'animal du cycle sont fixées aux quatre angles du récipient.

Un fil de coton noué à la banderolle de l'angle Nord-Est fait le tour du kăt'ŏng. Ce fil est relié à une "coupe d'honoraires" pleine de fleurs et de piastres, ainsi qu'à une grande coupe portant le nom "d'honoraires-ligatures d'arec". Cette dernière coupe contient 26 cierges ordinaires, des cierges dont la longueur est égale à la coudée, au tour de tête et au tour de thorax du prince et des membres de sa famille, une ligature d'arec, un couteau, des vestes et des écharpes appartenant à Čao Săi K'ăm et à ses parents qui sont alignés au Sud, face aux religieux. L'extrémité du fil de coton passe entre le pouce et l'index des bonzes. Les assistants invitent les religieux à réciter le *Mangalasutta*. Six bonzes récitent ce texte tandis que deux autres récitent le *Suttajaya*, puis le *Kaya-Sukham*. Le *Mangalasutta* terminé, deux religieux récitent le *Ñot Nawang* et le *Dharaṇīsāra*. Le plus âgé des religieux laisse goutter, dans le bol à aumônes, la cire des cierges qui ornaient le kăt'ŏng, de façon à consacrer l'eau. Un religieux fait le *yat năm* pour transmettre les mérites aux ancêtres défunts. Le frère aîné du prince lève la coupe d'honoraires tout en récitant le *Gārava* puis offre la coupe aux religieux. Le Supérieur se lève alors, prend le bol à aumônes dans lequel il trempe un rameau feuillu et il asperge, avec l'eau consacrée, les assistants puis la pièce en récitant le *Jayanto*. Si cette cérémonie n'est pas accomplie lors du Nouvel An, elle doit être célébrée au VIe mois, avant le sacrifice du buffle (qui a lieu soit le 2e jour ou le 12e jour de la lune croissante ou décroissante).

55. Cf. Archaimbault: "Un complexe rituel: la course de pirogues au Laos," in *Selected Papers of the Fifth International Congress of Anthropological and Ethnological Sciences*, Philadelphia, 1956, pp. 384-389.

56. Archaimbault: "Le Sacrifice du buffle à Wăt P'ou," in *France-Asie: Presence du royaume Lao* (mars-avril, 1956), pp. 841-856.

57. Lors du rite du *sŏng k'ien*; cf. note 29.

58. Version du P'ya Müang Khwa Sŏmbun, MS. EFEO, pp. 13, 14.

59. "Au jour de l'an, les dignitaires, directeurs et sous-directeurs de départements, le Čăo Müang, les fonctionnaires, les femmes des dignitaires préparaient deux plateaux des âmes qui étaient disposés à droite et à gauche (du roi). Les dignitaires de tout rang préparaient du paddy sauté, apportaient des fleurs et des cierges et se réunissaient au palais, dans la salle du trône où il présentaient leurs voeux au roi. L'après-midi, à une heure, S'ŏi Si Sămŭt pénétrait dans la salle de réunion des bonzes et conviait le clergé à réciter les prières. L'eau du serment préparée, les dignitaires prêtaient serment, puis le roi se retirait dans son palais. Ses femmes ainsi que les épouses des différents dignitaires venaient ensuite au palais royal lui prêter serment. Le deuxième jour de la lune croissante du sixième mois, S'ŏi Si Sămŭt paré des vêtements cérémoniels, escorté des gardes et des pages, de ses enfants et des dignitaires allait accomplir le rite du premier labour" (MS cité, p. 13).

60. Cf. la biographie de ce prince dans la revue bilingue, *Friendship Quarterly Magazine*, Lao-American Association, Vientiane, Vol. II, pp. 30-36, April 1965.

61. Cf. note 15.

62. Selon la famille princière, c'est peu de temps après avoir été nommé gouverneur que Čăo Ras'ădănăi fit placer, dans le pavillon de la victoire, le portrait de son père ainsi que des sabres, des oreillers et des coupes. A l'époque de K'ăm Sŭk, le prince de Basăk en habit d'apparat prenait place dans le Hŏ S'ăi. A ses côtés, sur un guéridon, reposait un aiguière d'or et un nécessaire à chiquer en argent mais c'était pour son usage personnel, pendant la cérémonie. A la mort de Ras'ădănăi, le portrait de ce prince jouxta celui de K'ăm Sŭk dans le pavillon de la victoire et ses regalia furent substitués à ceux de son père (sur la véranda de l'autel de Wăt P'u et de l'autel d'or lors des grandes cérémonies).

63. Selon le dicton populaire, tous les génies de l'ex-royaume de Čămpasăk se réunissent à Basăk lors du *liang* (= offrande de mets) de P'ă Pĭn, le 3e jour de la lune croissante du IVe mois et se rassemblent à Wăt P'u, site de l'ancienne capitale, au VIe mois, à l'occasion du sacrifice du buffle; Basăk, Wăt P'u, constituant les deux pôles d'attraction du réseau religieux qui couvre le Sud Laos. Le sacrifice du buffle du 6e mois étudié en relation avec le *liang* du IVe mois apparaît ainsi comme la phase complémentaire d'une cérémonie chargée de légitimer la fondation du nouveau lieu saint de la principauté (P'ă Pĭn) et de rehausser le prestige de ses gardiens en rappelant les liens qui les

unissent à ceux du premier sanctuaire (T'ên K'ăm est le gendre de Čăo Nòi, le Phi Măhésăk de Wăt P'u). La cérémonie de Wăt P'u en opérant un reflux vers les anciens lieux saints permet de recharger à sa source l'énergie religieuse des génies de Basăk.

Le *liang* du IVe mois fort complexe débute par un avertissement aux Thên dans l'autel des préparatifs, au Hò K'ăm et chez la secrétaire des génies. Un pavillon réservé aux danses des médiums est érigé ensuite face au Hò K'ăm. Le mât central ou "mât de la victoire" est orné de neuf crochets et de neuf fourches de bois (destinés à attirer l'attention des génies sur les demandes formulées par les fidèles) et de taléo dont les branches sont garnies de feuilles de *K'ŭn* et de *ñò*. Sous ces emblèmes sont fixées des lamelles de bambou dont l'extrémité est ornée de copeaux et portant le nom de "balais". Deux de ces lamelles portent de curieux ornements composés de neuf pièces de monnaie en forme de navette et de neuf bracelets de bronze. Pièces et bracelets sont fixés par des fils de coton de telle sorte que l'ensemble offre quelque ressemblance avec une échelle. Ces ornements en rapport dit-on avec les étages célestes établissent la relation avec l'au delà. Au pied du mât sont disposées, sur deux plateaux de bois recouverts de *taléo*, quatre jarres d'alcool de riz, préparées au premier mois (quand T'ên K'ăm appelé par le roi des Thên est redescendu en ce monde) et au troisième mois, le jour même prescrit pour l'ouverture des greniers à riz, ce qui montre nettement le rapport existant entre cette cérémonie du IVe mois et les rites agraires. Le soir même du troisième jour de la lune croissante, le médium et la secrétaire des génies prennent place devant leurs coupes d'honoraire, à l'entrée du pavillon de danse, au pied d'une véritable muraille de lances et de fusils prêtés par la famille princière. Devant cette barrière est érigé un reposoir où seront placés les mets offerts aux grands génies conviés. Quel que soit leur degré de parenté avec les Thên de l'autel d'or, ces génies sont en effet traités en hôtes, avec une déférence que trahit le souci de l'étiquette; ils ne sauraient se mêler aux Thên de Basăk. A Wăt P'u par contre, au VIe mois, aucun reposoir réservé aux hôtes n'est érigé devant le rideau d'armes et toutes les offrandes principales sont déposées dans le sanctuaire même, les Thên de Basăk conviés par Čăo Nòi, le génie du lieu et beau-père de T'ên K'ăm, se comportant en héritiers des Phi-Măhésăk de l'ancien lieu saint et se replongeant dans l'atmosphère familiale.

Une fois que le maître du rituel a ouvert la porte du Hò K'ăm pour mettre cet autel en relation avec le pavillon et qu'il a frappé du gong, les médiums jettent trois pincées de riz "à utiliser" sur leurs coupes et incarnent T'ên K'ăm, P'ă Inta et tous les génies de la contrée. Ils répondent aux questions des consultants puis dansent aux sons de l'orchestre princier après avoir salué, sabres en mains, en direction du Hŏ K'ăm. Les danses sont interrompues à quatre heures du matin.

Le quatrième jour, des mets sucrés sont répartis entre l'autel d'or et le reposoir du pavillon. Sous le reposoir sont placés les čŏk réservés aux serviteurs des génies conviés. A 9 h 3˜ la famille princière vient assister aux rites. Elle remet aux maîtres du rituel, sabres, théière, boîte à cigarettes, nécessaire à chiquer, crachoir, ainsi que deux plateaux contenant les habits d'apparat de Čăo Ras'ădănăi. Tous ces objets sont disposés sur la véranda de l'autel d'or car, selon la tradition, c'est le quatrième jour seulement que Ras'ădănăi et Čăo K'ăm Sŭk reçoivent l'autorisation de descendre dans le Müang d'en bas pour assister à la cérémonie. Le maître du rituel, Nai Dêng armé d'un balai de bambou époussette la première jarre du premier mois après avoir compté de un à dix, de dix à un et à nouveau de un à dix, cette récitation rythmant le *pat* (balayer) ayant pour but, vraisemblablement, d'éloigner les influences maléfiques, de forcer si possible la chance et d'orienter le pronostic. Après trois coups de balai, il ouvre la jarre et examine la nappe d'alcool. Si elle est couverte de moisissures, d'insectes, il déclare que l'année sera marquée, jusqu'au VIIIe mois, par un certain nombre d'événements graves. Il plonge ensuite un chalumeau dans la jarre. Un de ses adjoints ouvre directement la seconde jarre du premier mois dans laquelle il plonge, sans aucun examen, un chalumeau. Les deux čăms boivent et tendent ensuite les chalumeaux au médium et à la secrétaire qui incarnent T'ên K'ăm et P'ă Inta. Le médium placé devant la deuxième jarre du premier mois agrippe, de la main gauche, "l'échelle de barre-monnaie", saisit de la droite le chalumeau de la première jarre du premier mois et boit quelques gorgées tandis que la secrétaire accroupie, en face du médium, devant la première jarre du premier mois tient, de la gauche, l'échelle de bracelets et aspire l'alcool de la deuxième jarre du premier mois, autrement dit, les chalumeaux des deux médiums s'entrecroisent. Les médiums changent ensuite de place mais sans lâcher un seul moment leurs échelles respectives entrecroisées. Le médium boit à la deuxième jarre du premier mois et la secrétaire à la première jarre. Quand les deux médiums, par les échanges croisés, ont resserré les liens entre les génies-- on notera ici la survivance d'un substrat mòn-khmer--et assuré la prospérité du territoire, les autres membres du personnel sacré, la famille princière, puis les assistants boivent à leur tour à l'une ou l'autre jarre indistinctement mais sans toucher les échelles.

Des plateaux de mets: soupe, viande de buffle hachée, poulets bouillis, tête de porc (figurée par une fleur de bananier bouillie dans laquelle est insérée une boulette de riz) sont exposés ensuite à l'intérieur de l'autel d'or et dans le pavillon. Les médiums dansent ensuite tandis que le maître du rituel examine, après le rite du "balayage", la première jarre du troisième mois. Si l'alcool est souillé, la seconde moitié de l'année, du VIIe au XIIe mois, verra, augure-t-on, des événements facheux. Après que les deux čăms ont aspiré quelques gorgées des deux dernières jarres, ils tendent les chalumeaux au médium et à la secrétaire qui, tout en tenant leurs échelles de barre-monnaie et de bracelets, boivent l'alcool de la première et de la deuxième jarre du troisième mois en observant le même rituel que pour les jarres du premier mois. Après l'incarnation de Čăo Ŏng Kŏt (dignitaire du P'ăna Kămmăt'a, le légendaire constructeur de Wăt P'u) et de Čăo P'u Muei, le "vieux de la montagne", l'oncle paternel de T'ên K'ăm--survivance de l'ancien genius loci de Wăt P'u révéré par les Chams?--auquel les čăms prosternés, sabres sur l'épaule, rendent hommage, la cérémonie se clôture par le sŏng k'ien et l'offrande d'un "plateau des âmes" au médium et à la secrétaire des génies.

64. Ces événements n'ont fait évidemment que réactiver une culpabilité intérieure d'origine infantile dont l'état de nos documents ne nous permet pas de retracer la genèse. Nul doute toutefois que l'ambiance particulière de la cour du Sud, où rites et traditions perpétuent le souvenir des fautes qui sont à l'origine de la fondation de la chefferie, n'ait favorisé l'éclosion d'une telle culpabilité en intensifiant les sentiments d'amour et de haine qu'engendrent les premiers conflits familiaux. Si l'histoire en agissant sur le rituel modèle l'inconscient d'une culture, cette culture façonne l'inconscient des individus qui par suite de certains facteurs historiques réagit sur la culture, en approfondissant, réintreprétant ou modifiant le rituel.

65. C'est le 3 août 1894 seulement que Pavie lui rendit visite. Il le trouva "sous la tutelle d'un agent siamois inférieur", cf. A. Pavie, *Exposé des travaux de la mission*, tome II, p. 288.

66. Cf. Katay Sasorith, *Le Laos*, Paris, 1953, p. 50.

67. *Bulletin Administratif du Laos*, 1905, p. 113.

68. Cette biographie que nous avons rédigée en janvier 1963, sous la dictée du prince de Čămpasăk, est demeurée inédite. Toutes les sentences prononcées par Ras'ădănăi nous ont été psalmodiées par le prince qui les avait apprises par coeur, dès son plus jeune âge, en les chantonnant.

69. Cf. *Dharmānusara sădĕt Čăo Bŭn Um*, livre distribué à la crémation de Čăo Rüan Ñĭng Sŭt Săm̀ǹ, Bangkok, Imprimerie Sèng Silpa, année bouddhique 2504.

70. Cf. note 10.

Revenant sur sa prime enfance, en septembre 1965, Čăo Bŭn Um nous déclara qu'après son mariage avec Nang Čăn, son père fit venir Čăo Rüan Ñĭng Sŭt Săm̀ǹ à Basăk pour l'imposer et montrer à tous qu'il la considérait comme son épouse favorite. Par la suite, Ras'ăphak'Ĭnăi fit revenir sa fille et son petit-fils à Dòn Tălat, village d'où la princesse était originaire. "Quand mon père rendait visite à ma mère, comme il craignait mon grand-père, il devait passer par l'escalier de derrière réservé aux femmes et aux domestiques".

On notera ici la tendance très nette à dévaloriser le père. Si le père doit réparer en quelque sorte la faute en rehaussant le prestige de la mère, il n'empêche que pour un prince élevé dans la tradition du Sud, la femme séduite, quelles que puissent être les circonstances atténuantes, est néanmoins coupable, ce que révèle explicitement l'attitude observée récemment par Čăo Bŭn Um à l'égard d'une de ses parentes qui, pensait-on, avait "fauté" avec un homme marié qui ne pouvait l'épouser: "Quand ma famille me demanda d'intervenir, j'allai trouver ma parente qui, toute honteuse, pleurait, et lui dis: "Une fille doit toujours garder ses distances et ne jamais donner à l'homme l'occasion de perdre la tête, car si la tête peut dire oui ou non, le sexe, lui, dit toujours oui". Depuis ce jour-là, j'ai cessé d'adresser la parole à cette parente. Cette attitude est nécessaire car il faut que les filles observent la décence. Pensez que les gens de Luong P'răbang nous surveillent et se gaussent de cette histoire."

En juin 1966, à l'occasion d'une mission à Paksé, le prince nous ayant demandé d'examiner certaines pièces d'archives, nous découvrimes le brouillon d'une lettre, rédigé en français, qu'il venait d'adresser à ses enfants, pensionnaires à l'Ecole des Roches. Or, quelle ne fut pas notre stupeur de retrouver, attribuée à sa mère, la phrase dénuée de toute tendresse que trois ans plus tôt Čăo Bŭn Um avait placée dans la bouche de son père. La note précédente nous permet de comprendre cette substitution qu'a dû faciliter un certain degré de culpabilité attaché à la mère. Cette substitution pourrait en outre indiquer la liquidation d'un des conflits et marquer la réconciliation du fils vieillissant et du père aux dépens de la mère. Comme la responsabilité du père est mise en cause quelques phrases plus loin, il s'agit donc plutôt d'une répartition des erreurs psychologiques entre les deux principaux objets d'affection et d'agressivité.

Le prince nous ayant autorisé à publier cette lettre, nous nous permettons d'en citer quelques extraits.

Après avoir rapellé à ses fils qu'il a fait tout ce qui dépendait de lui en les envoyant poursuivre leurs études dans un établissement scolaire aussi renommé qu'onéreux, le prince poursuit: "Peut-être aurez-vous la curiosité de savoir ce qu'on a fait de votre père quand il était petit. A l'âge de six ans, ma mère--la sainte femme, que le bon Dieu ait son âme! [comme la prince est bouddhiste, il s'agit ici d'un cliché]--me conduisit par le bras chez le chef de pagode de notre village et lui dit: "Vénérable, je vous confie cet enfant. Apprenez-lui à lire et à écrire. Faites-en-moi un homme et un bon bouddhiste. Ne me le renvoyez ni sourd, ni borgne, ni mutilé. Tout le reste vous est permis. A partir d'aujourd'hui ce garçon est à vous". Après ces bonnes paroles, ma mère se prosterna trois fois aux pieds du vénérable et se retira. Elle rentra chez elle sans me jeter un petit regard. Et moi je restai là, immobile, tête baissée, penaud comme un chien battu, devant le vénérable qui ne savait que me dire. A son appel, un bonzillon à peine plus grand que moi, arriva, me saisit par le bras et m'emmena dans un coin de la bonzerie où je trouvai déposés sur le plancher en bambou écrasé, une natte, une couverture, trois culottes, trois chemisettes, une ardoise, une boite de craies. C'était là mon dortoir, mes effets d'écolier pour toute l'année. C'est sur cette ardoise que votre papa apprenait à écrire et c'est sur des feuilles de latanier que le vénérable me remit dès mon arrivée que j'appris à lire. Avant même de me donner la moindre explication, quand je posais des questions, les bonzes et les bonzillons me battaient. Le matin pendant que les bonzes partaient pour quêter de la mourriture, je balayais la bonzerie, préparant assiettes et bols. L'après-midi était consacrée à la lecture et à l'écriture. De 18h à 22h, nous apprenions à la lueur fumeuse d'une torche notre leçon. Souvent je recevais cinq coups de fouet. Votre père a vécu cette vie jusqu'à l'âge de dix ans, époque à laquelle le gouvernement de protectorat installa à Champaçak [Čămpasăk] une école primaire, dirigée par un maître asthmatique âgé d'une quarantaine d'années. Quand le temps était couvert ou qu'il faisait frais, notre maître avait une crise d'asthme. Il était alors de très mauvaise humeur, et pour un oui ou un non il nous battait ou nous envoyait en récréation, et cela arrivait deux ou trois fois si bien qu'avec les congés et les jours fériés, nous ne travaillions que deux ou trois jours à peine par semaine. Le jeudi et le dimanche notre maître nous convoquait chacun à tour de rôle chez lui pour diverses corvées telles que préparer ou arroser son jardin, laver son linge, nettoyer sa cour, etc. Quand j'eus quatorze ans et demi, je me demandai si j'apprendrais jamais rien de nouveau. Je fus si indigné que j'osai aller me plaindre à mon père. Furieux à son tour de ne s'être jamais occupé de moi et de mon instruction, il décida de m'envoyer au Lycée Chasseloup à Saigon." Mais le prince avait un sérieux retard à rattraper. Pour comble d'infortune, un mois avant le baccalauréat, Čǎo Bǔn Um blessé au cours d'un match scolaire dut être hospitalisé. "Dans ces conditions, vous voyez, mes chers enfants que je n'ai fait qu'effleurer la culture française [ce qui est inexact, car le prince nourri de La Fontaine, apprécie fort Vigny], et qu'aujourd'hui pour faire un discours ou pour écrire une page en cette langue, je sue sang et eau. Si à ce jour, papa est arrivé à être quelque chose dans la vie, il le doit au bon sens que lui ont inculqué les braves paysans de chez nous. Je me souviens comme si ces choses se passaient hier de ces vieux Laotiens doux, simples, affables, aux yeux pleins de bonté, qui me voyant, moi, fils d'un prince, marcher pieds nus derrière un bonze, une besace sur l'épaule, me glissaient discrètement une boule de riz gluant, un morceau de viande boucanée que je cachais soigneusement afin que les bonzillons ne s'en emparent point, et que je mangeais à minuit en cachette, dans mon petit coin en pensant à ma mère qui peut-être à cette heure dormait ou pensait à ce que j'allais devenir plus tard. Je n'ai pas la photo de ces vieux Laotiens, mais je conserve en mon coeur leur image comme une relique. ... Et après, tout le monde s'étonne que je ne prenne pas au sérieux le titre de prince ou d'altesse, c'est que dans ma vie, je me suis efforcé seulement de devenir un homme et je ne suis pas sûr d'y être parvenu. ... Ainsi donc mes chers enfants, vous voyez que tout petit je fus privé de l'affection des êtres qui me sont les plus chers. Elevé à la pagode, je fus presque réduit à vivre de la charité publique. A l'âge de raison, malgré tous les efforts pour rattraper dans mes études le temps perdu, je fus abattu par la maladie. A l'âge d'homme, j'acceptai de sacrifier mes droits, ma force, ma santé pour la grandeur et le bien du pays. Finalement au déclin de la vie, je ne vois que vanité, injustice, ruine et deuil. Si j'ai accepté de sacrifier mon affection, ma tendresse en vous envoyant poursuivre vos études si loin de nous, en France, c'est pour éviter que vous ne tombiez dans la même situation que votre père, et par ce geste j'espérais pouvoir forcer la main du destin. ..."

71. Cette pagode aujourd'hui disparue occupait l'emplacement des bureaux du Müang.

72. Selon Arthur J. Dommen, le 8 avril le roi fut contraint de proclamer l'indépendance après une brève tentative d'insurrection de la population contre les Japonais (cf. *Conflict in Laos*, Pall Mall Press, London, 1964, p. 19).

73. Nous recopions ici textuellement les paroles du prince enregistrées à l'issue du *bök* en 1953.

    Un entretien que nous eûmes avec lui en septembre 1965 confirme que pour Čǎo Bǔn Um, la faiblesse, l'incapacité de réagir et l'auto-accusation sont inextricablement liées. "En 1963, quand j'ai vu le général de Gaulle, je ne lui ai point caché que la politique neutraliste au Laos était une absurdité. Savez-vous en effet comment se traduit neutralisme en laotien? Là je me suis rendu compte que j'avais éveillé sa curiosité. Eh bien, neutralisme se dit "s'ü s'ü" --en réalité *fǎk kang*!--c'est-à-dire l'immobilisme. Un type "s'ü s'ü", c'est un type qui ne fait rien, il se repose, vous ne savez même pas s'il dort ou s'il rêve. Or le peuple laotien a déjà tendance à être "s'ü s'ü". Si vous prônez le neutralisme, vous le renforcez dans son inertie, vous l'obligez à *s'accuser lui-même*."

    La phase d'auto-accusation dans le *bök* joue comme une autopunition exactement comme si le prince se contraignait à chercher en lui-même la cause de ses échecs en se condamnant publiquement à un aveu humiliant. C'est cette autopunition qui permet de se libérer momentanément de la faute en l'expulsant. Il est d'ailleurs significatif qu'en laotien on emploie précisément l'expression *bök ban čǎi* pour désigner le soulagement que l'on éprouve après une confession pénible.

    Mais à la décharge de culpabilité succède immédiatement le recours au destin qui permet de nier une responsabilité que l'on venait d'assumer. Inutile de souligner que pour le prince le Destin est une "marâtre".

POSTFACE PAR LE PRINCE BŬN UM

L'Université de Cornell demande mon autorisation, voire une préface, pour publier cet article qui inclut une partie de ma biographie. Je profite donc de cette occasion pour parler un peu à bâtons rompus de toutes ces histoires qui concernent le Sud, l'endroit où je suis né, où j'ai été élevé et où vraisemblablement je mourrai. Tout d'abord, Bassac [Basăk]: qu'est-ce que ce lieu évoque pour moi? Si je disais, rien, personne ne me croirait. Et pourtant c'est bien vrai: Bassac ne représente plus rien pour moi maintenant que mon père et que ma mère (qui habitait Don Talat d'ailleurs) son décédés. Je suis tenu par la tradition d'y venir deux ou trois fois par an pour présider les cérémonies, c'est tout, et cela m'ennuie croyez-le bien. Il y a encore une dizaine d'années, je songeais à me faire construire une grande baraque. J'avais choisi le lieu, et pas à Bassac: à Vat Phou [Wăt P'u], en face de la montagne du temple. J'aurais été bien tout seul là et j'aurais eu l'impression de repartir à zéro. Vat Phou évidemment, me direz-vous, est la première capitale de notre ancien royaume, un important centre de pèlerinage, et le reste. Eh bien, absolument pas. Vat Phou, pour moi, c'est un de mes tout premiers souvenirs. J'avais peut-être six ans et mon père, à l'occasion de la fête bouddhique du printemps, fit donner une course de nuit sur le lac. Les pirogues étaient illuminées. Je n'ai jamais rien vu d'aussi beau. C'est uniquement à cause de cela que j'ai eu ce projet.

Maintenant que j'ai dépassé la cinquantaine, je pense à me faire construire un grand bateau où j'empilerai les manuscrits de toutes nos légendes et où je fourrerai deux ou trois bonzes pour les traduire en langue simple; puis je descendrai le fleuve, m'arrêtant de village en village. Au fond, Bassac, c'est comme Muong Kao Hin Lot Pour mon aieul: un coin qu'il ne pouvait plus supporter, et c'est pour cela qu'il rêvait des îles; mon bateau, au fond, c'est ma façon à moi de rêver des îles.

J'avais pourtant l'impression d'avoir dit tout cela à l'auteur il y a bien longtemps, mais je crois que de son côté, il devait rêver à un Sud à lui, ce qui l'a empêché de m'entendre. Est-ce à dire que ce qu'il raconte soit inexact? Je ne le dirai pas. Bassac et toute notre histoire c'est bien aussi désolé, aussi cauchemar qu'il le dit. Mais lui, il s'y sentait à l'aise parce que ce n'était pas son passé à lui. C'est comme un romancier qui possède son propre passé, plus celui de ses personnages, mais avec celui-là, il peut couper le contact quand il veut. Dans le fond, il y a eu un malentendu. Pendant des années, l'auteur m'a vu je ne sais trop comment: comme descendant de la reine Nang P'ao, comme descendant du grand roi S'oi Sisamout [S'ŏi Si Sămŭt], comme descendant de Chao Kham Souk [Čăo K'ăm Sŭk] et de Ras'adanai. D'un autre côté, il y avait Bassac et ses reliques: le temple du bonze vénéré, les *that* de mon père et de mon grand-père ... tout cela pour le décor. Bien sûr quand je préside les cérémonies à Bassac, et plus particulièrement la course de pirogues, que je suis là tout seul dans mon habit d'apparat, sur la véranda du "Pavillon de la Victoire" devant le portrait de mes ancêtres, et cela pendant des jours qui semblent des siècles, j'y pense à notre histoire; qui, dans ces conditions, n'y penserait pas? Si je peux me permettre une critique, je dirai que le tort de l'auteur est de laisser supposer que je pense ainsi toute l'année ou que si je ne pense plus à notre histoire, je me sens forcément coupable. Ce qu'il faut comprendre, c'est que j'ai essayé d'oublier pendant de longues années. Maintenant que, l'âge venu, j'y suis parvenu, pour parler franc, je ne suis plus comme on dit dans le coup. Dans ces conditions, quel sens voulez-vous qu'aient encore pour moi toutes ces histoires de culpabilité?

Plus juste m'apparaît ce que l'auteur dit de la sexualité dans le Sud, peut-être parce que mes idées à ce propos n'ont jamais changé. Quand j'étais jeune, j'ai circulé dans tout le Laos, me mêlant le plus possible à la vie des paysans, les seuls gens qui m'intéressent, et jamais je n'ai trouvé une coutume semblable à celle de la Nang P'ao. Mais une vieille légende permettra de faire sentir notre façon de voir. Cette histoire pourrait s'intituler *Pourquoi les cocotiers des villages du Sud sont-ils penchés?*

Autrefois, dit-on, vivait dans le Sud un roi vertueux qui s'efforçait de corriger les moeurs des habitants. Ayant appris que les jeunes gens courtisaient la nuit les jeunes filles et attendaient, le dos appuyé aux cocotiers--ce qui les faisait pencher--que les parents de leurs amantes soient endormis, il fit édicter des lois sévères. Tous les villages dont les cocotiers étaient anormalement penchés furent dès lors surveillés, car cela signifiait que dans ces villages les filles étaient en chaleur. Ce souverain fit même bannir de son palais tout portrait féminin, de façon à ne pas être tenté. Un jour qu'il était à la chasse, les rabatteurs lui rapportèrent une biche qu'ils venaient de tuer. Ils se tenaient là, devait lui, la biche suspendue par les pattes au fléau. Le monarque allait donner l'ordre de la faire rôtir quand son regard rencontra le sexe de la biche. Aussitôt une idée étrange s'empara de lui à tel point qu'il ne put s'en délivrer. Il fit déposer la biche dans sa hutte et renvoya les chasseurs dans la forêt en quête d'autre gibier. Une fois seul, comme en proie à quelque démon, il fit l'amour avec la biche morte. Lorsque ses chasseurs revinrent, ils le trouvèrent profondément déprimé.

De retour dans son palais, comme il ne pouvait recouvrer le repos et se torturait l'esprit pour savoir d'où venait ce désir irrépressible qui pousse l'homme vers le sexe opposé, il décida d'interroger ses conseillers. Comme ils ne savaient que répondre, le roi furieux les fit décapiter. Il ne restait plus dans le palais qu'un pauvre chambellan qui n'en menait pas large. "Demain soir, avait déclaré le monarque, je t'interrogerai". Or, ce chambellan avait une fille d'une beauté extraordinaire qui, jusqu'alors, avait repoussé, tant elle était vertueuse, les avances de tous les jeunes gens. Voyant son père tout tremblant, elle le réconforta: "Ne craignez rien, père, j'ai interrogé le bourreau qui m'a indiqué la question à laquelle les conseillers n'ont su répondre. Demain, avant d'aller au palais, vous prendrez un bain et je vous indiquerai alors ce qu'il faut dire au souverain."

Le lendemain, quand le père se rendit au ruisseau pour se baigner, sa fille l'accompagna. Elle déshabilla le vieillard qui, tout à la pensée de sa mort prochaine, ne se rendait compte de rien. Puis elle se dévêtit entièrement et commença à le frictionner; le vieux recouvrant ses esprit, trouva tout cela bien étrange: "Eh, qu'est-ce donc qui arrive à ma fille, elle qui est si vertueuse?" Là-dessus, la fille mit la main au bon endroit; le père, pris d'un désir furieux, se précipita sur sa fille qui le repoussa en disant: "Eh quoi, père, que vous arrive-t-il, ignorez-vous que je suis votre fille?" Le pauvre vieux, tout penaud, se rhabilla. Et au moment où il allait se rendre au palais, sa fille lui dit: "Quand le monarque vous demandera comment expliquer le désir qui pousse l'homme vers le sexe féminin, expliquez-lui simplement ce qui vous est arrivé ce soir." Ce que fit le chambellan. "Eh bien, répondit le souverain, votre réponse me soulage d'un grand poids, car j'ai enfin trouvé quelqu'un qui est plus coupable que moi. Si un père en arrive à oublier le respect qu'il doit à sa fille, cela prouve que le sexe féminin recèle vraiment une force magique et maléfique."

Pour nous, gens du Sud, rut et agressivité sont liés à l'idée que nous nous faisons de la sexualité féminine. Ce n'est pas l'homme qui est perpétuellement en rut, c'est la femme. J'en arrive à me demander si, autrefois avant notre installation dans le Sud, il n'y aurait point eu chez nous une sorte de matriarcat. Les femmes auraient été les chefs et elles auraient traqué les hommes pour leur plaisir. Les hommes alors devaient se cacher pour ne pas tomber aux mains de ces furies. Puis ensuite, au contact des Khmers et des aborigènes, les femmes durent se tenir tranquilles. Je m'explique: les filles Lao sont plus belles que les Khmères, elles sont plus blanches. Les Khmers devaient donc faire des razzias parmi elles pour les offrir à leurs chefs. Les Lao, lors de leur descente du Yunnan, avaient prouvé en se battant contre les Chinois qu'ils avaient du muscle: une fois dans le Sud, ils dirent à leurs femmes: "Camouflez-vous, tenez-vous tranquilles à la maison pour ne pas attirer des malheurs à la tribu." D'un autre côté les aborigènes, qui sont si sévères à l'égard de leurs épouses (dans la région de Savannakhet, les Kha m'ont montré les anneaux avec lesquels leurs ancêtres attachaient les pieds de leurs femmes qui avaient fauté) durent exercer une influence sur les Lao du Sud. Après, au temps du grand roi S'oi Sisamout, le bouddhisme par l'intermédiaire du bonze Ponsamek dut également exercer une influence modératrice. Ainsi, les femmes ont dû se calmer.

C'est une simple façon d'imaginer les choses évidemment, mais ce qui est certain c'est que chez nous, la femme est toujours suspecte. Prenez l'exemple de S'oi Sisamout, il avait pour épouse la fille du roi du Cambodge. Un jour elle demande à aller voir son père. Elle part avec ses suivantes, revient deux ou trois mois plus tard et avoue à son époux qu'elle est enceinte. Aussitôt S'oi Sisamout devint tout méfiant et, quand elle accoucha, il se mit à crier: "Si cet enfant est bien de moi, qu'il naisse avec quelque infirmité!" Heureusement, l'enfant naquit borne et sourd; l'honneur de S'oi était sauf. Voilà comment étaient les gens du Sud. Ils n'ont guère changé. Je me souviens encore, quand j'étais enfant, d'avoir vu des filles qui portaient des marques rouges sur leurs vêtements et un ruban rouge dans les cheveux: c'étaient les "filles-mères de la Nang P'ao", celles qui, imitant la conduite de notre première reine, avaient été séduites et abandonnées. On n'avait aucune considération pour ces femmes-là, on les considérait comme des "filles dont le coeur est tombé dans le trou".

Mon père me disait souvent quand j'étais adolescent: "Gardez-vous des femmes, c'est ce qu'y a de plus dangereux au monde, c'est pire que les microbes." Il disait également: "Il n'y a pas à choisir entre sa femme et un ami, car un ami ne vous reçoit en étranger que si vous restez trois mois sans aller le voir--ce qui prouve qu'il ne se faisait pas trop d'illusions sur l'amitié non plus--alors que votre femme, si vous restez trois jours sans vous occuper d'elle, elle vous considère comme un étranger." Voilà pour le problème sexuel.

Il y a un autre point dont j'aimerais parler, car en lisant cet article, je me suis rendu compte que j'avais omis de signaler à l'auteur quelques détails: c'est l'idée de destin. Certes, nous tous, Lao, en tant que bouddhistes, nous croyons à la rétribution des actes. Mais il y a quand même une limite. Or, vous voyez des familles où tout va de travers pendant des générations et des générations et vous ne pouvez même pas imaginer quand tous ces malheurs prendront fin. Alors on est obligé de supposer qu'il y a comme un *karma* qui englobe toute la lignée. C'est ce qui explique que dans notre famille, nous soyons tous fatalistes. Mon grand-père l'était. Quand on lui demandait pourquoi il n'avait pas réagi lorsque Pavie avait fait accorder des privilèges à la maison de Luong Prabang, il répondait: "Nous somme pris entre l'odeur de la vase et l'odeur du cancrelat."

Il ne faut pas oublier que dès que les Siamois eurent appris les agissements de Pavie, ils emmenèrent mon grand-père à Oubon, puis de là à Bangkok, car ils craignaient que la France me reconnût également les droits de la Maison de Champassak [Čămpasăk]. Ils ne le relâchèrent qu'après avoir constaté que la France ne s'intéressait absolument pas au Sud. Quant à mon père, j'ai rapporté dans ma biographie incluse en partie dans cet article, les sentences qui exprimaient sa conception de la vie. J'ai toutefois oublié de noter une des plus caractéristiques. "La grenouille, disait-il, doit vivre dans son trou au fond de la grotte, mais il lui arrive parfois d'être dégoûtée de sa grotte. Elle voit alors devant elle la forêt dense et elle pense que, là aussi, elle sera à l'abri des rapaces. Mais dès qu'elle quitte sa grotte et s'avance à petits bonds vers la forêt, celle-ci se révèle être une simple plaine et un rapace immédiatement repère la grenouille et la mange".

Au fond, que j'aie oublié de raconter cette anecdote la première fois, me paraît être un bon signe. Cela indique qu'avec l'âge, je me laisse aller, que je n'ai plus à être sur mes gardes ou que je n'ai plus à craindre d'avoir un jour l'envie de quitter cette grotte où, depuis tant d'années, je tourne seul sans arrêt.

Chao Boun Oum

CORNELL UNIVERSITY SOUTHEAST ASIA PROGRAM

I. SOUTHEAST ASIA PROGRAM DATA PAPERS,
Including Cornell Thailand Project Interim
Reports Series and Linguistics Series.

II. STUDY AND TEACHING MATERIALS,
Thai Cultural Readers, Thailand Map Series,
and 16 mm Rental Films.

III. CORNELL MODERN INDONESIA PROJECT PAPERS,
Bibliography Series, Interim Reports Series,
Translation Series, and Monograph Series.

CORNELL UNIVERSITY SOUTHEAST ASIA PROGRAM

The papers listed here have been issued irregularly since 1951 in processed format by the Cornell Southeast Asia Program or by research projects associated with the Program. These series are designed to provide materials on Southeast Asia which should be made available promptly and not be delayed by publication in more permanent form; which are explicitly tentative or provisional in character, but which may elicit helpful criticims or suggestions to be incorporated in a later publication; which may not be suitable for either ultimate journal or monograph publication because of length, the nature of the data, or other reasons; or which, as in the case of translated or reprinted materials, may not be readily accessible to teachers, scholars, or others interested in the area. Suggestions for additional numbers will be welcomed.

Some papers have been reissued because of constant demand. Others will be reissued when the demand warrants. For this reason, as well as to provide some impression of the character of the materials which the Program is interested in issuing in this form, the following lists include a section giving titles which are currently out of print.

All Southeast Asia Program Data Papers still in print are obtainable from the Southeast Asia Program, 108 Franklin Hall, Cornell University, Ithaca, New York 14850, at the prices indicated, ordinary postage free.

All Cornell Modern Indonesia Project Papers can be obtained from the Cornell Modern Indonesia Project, 102 West Avenue, Cornell University, Ithaca, New York 14850.

The papers should be paid for in advance, preferably by check or money order, made out to the Southeast Asia Program or to the Cornell Modern Indonesia Project, depending on where the papers are ordered. Orders shipped to New York State addresses are subject to 6o/o state and county sales tax, unless the addressee furnishes a tax exemption certificate or certificate of resale. Individuals or institutions may wish to place a standing order for all papers to be sent to them as soon as they are issued; in this case, the recipient will be billed after the papers are sent. In view of the high production cost of these publications, no trade or other discount can be allowed. Readers may also have their names placed on a mailing list to receive announcements of papers as they are issued.

CORNELL UNIVERSITY SOUTHEAST ASIA PROGRAM

IN PRINT

I. SOUTHEAST ASIA PROGRAM DATA PAPERS - 108 Franklin Hall, Cornell University, Ithaca, New York 14850.

Number 18 CONCEPTIONS OF STATE AND KINGSHIP IN SOUTHEAST ASIA, by Robert Heine-Geldern. (Third Printing 1968) 14 pages. $1.00.

Number 25 FACTORS RELATED TO ACCEPTANCE OF INNOVATIONS IN BANG CHAN, THAILAND, Analysis of a Survey Conducted by the Cornell Cross-Cultural Methodology Project, May 1955, by Rose K. Goldsen and Max Ralis. 1957. Cornell Thailand Project, Interim Reports Series: Number Three. (Third Printing 1963) 72 pages. $1.00.

Number 30 A SIMPLE ONE, The Story of a Siamese Girlhood, by Prajuab Tirabutana. 1958. (Second Printing 1967) 40 pages. $2.00.

Number 41 U HLA PE'S NARRATIVE OF THE JAPANESE OCCUPATION OF BURMA, by U Khin. 1961. 96 pages. $3.00.

Number 44 THE MAN SHU (Book of the Southern Barbarians), translated by Gordon H. Luce; edited by G. P. Oey. 1961. 116 pages. $4.00.

Number 46 AN EXPERIMENT IN WARTIME INTERCULTURAL RELATIONS: PHILIPPINE STUDENTS IN JAPAN, 1943-1945, by Grant K. Goodman. 1962. 34 pages. $2.00.

Number 47 A BIBLIOGRAPHY OF NORTH VIETNAMESE PUBLICATIONS IN THE CORNELL UNIVERSITY LIBRARY, by Jane Godfrey Keyes. 1962. 116 pages. $3.00. (see also #63)

Number 48 THE PACE AND PATTERN OF PHILIPPINE ECONOMIC GROWTH: 1938, 1948 and 1956, by Marvin E. Goodstein. 1962. 220 pages. $3.00.

Number 49 THE TEXTILE INDUSTRY -- A CASE STUDY OF INDUSTRIAL DEVELOPMENT IN THE PHILIPPINES, by Laurence David Stifel. 1963. 199 pages. $3.00.

Number 51 MATERNITY AND ITS RITUALS IN BANG CHAN, THAILAND, by Jane Richardson Hanks. Cornell Thailand Project, Interim Reports Series: Number Six. 1963. (Second Printing 1968) 116 pages. $2.50.

Number 53 SINGAPORE AND MALAYSIA, by Milton E. Osborne. 1964. (Second Printing 1967) 115 pages. $2.50.

Number 54 CATALOGUE OF THAI LANGUAGE HOLDINGS IN THE CORNELL UNIVERSITY LIBRARIES THROUGH 1964, compiled by Frances A. Bernath, Thai Cataloguer. 1964. 236 pages. $3.00.

Number 55 STRATEGIC HAMLETS IN SOUTH VIET-NAM, A SURVEY AND A COMPARISON, by Milton E. Osborne. 1965. (Second Printing 1968) 66 pages. $2.50.

Cornell University Southeast Asia Program

IN PRINT (Cont'd)

Number 56 SOUTHEAST ASIA VIEWD FROM JAPAN: A BIBLIOGRAPHY OF JAPANESE WORKS ON SOUTHEAST ASIAN SOCIETIES, compiled by Kenjiro Ichikawa. 1965. 150 pages. $2.50.

Number 57 THE SHAN STATES AND THE BRITISH ANNEXATION, by Sao Saimong Mangrai. 1965. 204 pages. $4.00.

Number 60 VIETNAM'S UNHELD ELECTIONS: The Failure to Carry Out the 1956 Reunification Elections and the Effect on Hanoi's Present Outlook, by Franklin B. Weinstein. 1966. 65 pages. $2.00.

Number 61 RAJAH'S SERVANT, by A. B. Ward. 1966. 204 pp. (Second Printing 1969) $2.50.

Number 62 CHECKLIST OF HOLDINGS ON BORNEO IN THE CORNELL UNIVERSITY LIBRARY, compiled by Michael B. Leigh. 1966. 62 pages. $2.00.

Number 63 A BIBLIOGRAPHY OF WESTERN-LANGUAGE PUBLICATIONS CONCERNING NORTH VIETNAM IN THE CORNELL UNIVERSITY LIBRARY (Supplement to Number 47), compiled by Jane Godfrey Keyes. 1966. 280 pages. $3.00.

Number 64 MILITARY OPERATIONS IN BURMA, 1890-1892: Letters from Lt. J. K. Watson, K.R.R.C., edited by B. R. Pearn. February 1967. 72 pages. $2.00.

Number 65 ISAN: REGIONALISM IN NORTHEASTERN THAILAND, by Charles F. Keyes, Cornell Thailand Project, Interim Reports Series: Number Ten. March 1967 (Second Printing 1969) 86 pages. $2.00.

Number 67 ACCOUNT OF A TRIP TO THE COUNTRIES OF SOUTHEAST ASIA FOR THE LIBRARY OF CONGRESS, AUGUST-DECEMBER 1965, by Cecil Hobbs. June 1967. 92 pages. $2.00.

Number 68 THE BARITO ISOLECTS OF BORNEO: A CLASSIFICATION BASED ON COMPARATIVE RECONSTRUCTION AND LEXICOSTATISTICS, by Alfred Hudson. Linguistic Series I. 1967. 112 pages. $2.00.

Number 69 YAO-ENGLISH DICTIONARY, compiled by Sylvia J. Lombard and edited by Herbert C. Purnell, Jr. Linguistic Series II. March 1968. 363 pages. $3.50.

Number 70 AKHA-ENGLISH DICTIONARY, compiled by Paul Lewis. Linguistic Series III. June 1968. 363 pages. $3.50.

Number 71 AMERICAN DOCTORAL DISSERTATIONS ON ASIA, 1933 -- JUNE 1966, INCLUDING APPENDIX OF MASTER'S THESES AT CORNELL UNIVERSITY 1933-June 1968, by Curtis W. Stucki. October 1968. (Second Printing 1970) 304 pages. $4.00.

Cornell University Southeast Asia Program

IN PRINT (Cont'd)

Number 72 EXCAVATIONS OF THE PREHISTORIC IRON INDUSTRY IN WEST BORNEO, by Tom Harrisson and Stanley J. O'Connor. Vol. I, RAW MATERIALS AND INDUSTRIAL WASTE, Vol. II, ASSOCIATED ARTIFACTS AND IDEAS, by Tom Harrisson and Stanley J. O'Connor. April 1969. 417 pages. $5.00 each set.

Number 73 THE SEPARATION OF SINGAPORE FROM MALAYASIA, by Nancy McHenry Fletcher. July 1969. 98 pages. $2.50.

Number 74 THE ORGANIZATION OF THAI SOCIETY IN THE EARLY BANGKOK PERIOD, 1782-1873, by Akin Rabibhadana. July 1969. 245 pages. $3.00.

Number 75 WHITE MEO-ENGLISH DICTIONARY, compiled by Ernest E. Heimbach, Linguistic Series IV, August 1969. 497 pages. $5.00 each.

Number 76 BISAYAN FILIPINO AND MALAYAN HUMORAL PATHOLOGIES: FOLK MEDICINE AND ETHNOHISTORY IN SOUTHEAST ASIA, by Donn V. Hart. April 1970. 96 pages. $3.00.

Number 77 GOLD AND MEGALITHIC ACTIVITY IN PREHISTORIC AND RECENT WEST BORNEO, by Tom Harrisson and Stanley J. O'Connor. 331 pages. November 1970. $4.00.

Number 78 THE NEW YEAR CEREMONY AT BASĂK (SOUTH LAOS), by Charles Archaimbault, With an Afterword by Prince Boun Oum; Abridged. Translation by Simone B. Boas. 137 pages. January 1971. $4.00.

II. STUDY AND TEACHING MATERIALS - Obtainable from Southeast Asia Program, 108 Franklin Hall, Cornell University, Ithaca, New York 14850.

THAI CULTURAL READER, Book I, by Robert B. Jones, Ruchira C. Mendiones and Craig J. Reynolds. 1970. 517 pages. $7.00.

THAI CULTURAL READER, Book II, by Robert B. Jones and Ruchira C. Mendiones. 1969. 791 pages. $8.25.

INTRODUCTION TO THAI LITERATURE, by Robert B. Jones and Ruchira C. Mendiones. 1970. 563 pages. $7.00.

Maps

Central Thailand. 7 x 10 inches; 34 km to 1 inch.
Price $.25 each; $1.00 set of five.

A. 1. Jangwat Outline Map. 1955.
    2. By Amphoe. 1947.
    3. Population Density by Amphoe. 1947.
    4. Proportion of Chinese by Amphoe. 1947.
    5. Concentration of Chinese by Amphoe. 1947.

Cornell University Southeast Asia Program

IN PRINT (Cont'd)

Thailand. 13 x 22 inches; scale: 50 miles to 1 inch, except B-10 as noted. Price $.25 each; $1.00 set of six.

B. 6. By Amphoe. 1947.
    7. Population Density by Amphoe. 1947.
    8. Fertility Ratios by Amphoe. 1947.
    9. Concentration of Chinese by Amphoe. 1947.
  10. Untitled (Amphoe Outline Map). 16 x 44 inches, in two parts, each 16 x 22 inches; scale: 27 miles to 1 inch.
  11. Jangwat Outline Map. 1955.

Ethnic Settlements. Prepared by Lauriston Sharp, L. M. Hanks, William Wohnus, and K. W. Wong, Cornell Thailand Project, 1965. 27 x 35 inches; scale: 1 : 10,000. Price $1.00 each.

1. Ethnic Settlements, June 1, 1964, Chiengrai Province (North of the Mae Kok River).
2. Ethnic Settlements, June 1, 1964, Chiengrai Province (North of the Mae Kok River) - Akha.
3. Ethnic Settlements, June 1, 1964, Chiengrai Province (North of the Mae Kok River) - Lahu.
4. Ethnic Settlements, June 1, 1964, Chiengrai Province (North of the Mae Kok River) - Lisu.
5. Ethnic Settlements, June 1, 1964, Chiengrai Province (North of the Mae Kok River) - Yao.

Films

BUA: A BUDDHIST ORDINATION IN BANG CHAN, THAILAND. 1954. One reel (400 feet), 16 mm. silent film, in color. Copies available for rental only; price on application.

DAWADUNGS: A DANCE OF THE SECOND HEAVEN. A Thai Classical Dance Performed by Miss Yibbhan Xoomsai. 1956. One reel (400 feet) 16 mm. sound film in color. Copies available for rental only; price on application.

OUT OF PRINT

SOUTHEAST ASIA PROGRAM DATA PAPERS:

Number 1 REPORT ON THE CHINESE IN SOUTHEAST ASIA, DECEMBER 1950, by G. William Skinner. 1951. 91 pages.

Number 2 A CENTRAL JAVANESE VILLAGE IN 1950, by Paul M. Kattenburg. 1951. 17 pages.

Number 3 AN ACCOUNT OF AN ACQUISITIONS TRIP IN THE COUNTRIES OF SOUTHEAST ASIA, by Cecil Hobbs. 1952. 51 pages.

Number 4 THAI CULTURE AND BEHAVIOR, An Unpublished War Time Study Dated September 1943, by Ruth Benedict. 1952; third printing 1963. 45 pages.

Cornell University Southeast Asia Program

OUT OF PRINT (Cont'd)

Number 5 RURAL ORGANIZATION AND VILLAGE REVIVAL IN INDONESIA, by Ch. J. Grader. 1952. 15 pages.

Number 6 TEACHING AND RESEARCH RELATING TO SOUTHEAST ASIA IN AMERICAN COLLEGES AND UNIVERSITIES, by George McT. Kahin. 1952. 11 pages.

Number 7 LABOUR AND TIN MINING IN MALAYA, by Nim Chee Siew. 1953. 48 pages.

Number 8 SURVEY OF CHINESE LANGUAGE MATERIALS ON SOUTHEAST ASIA IN THE HOOVER INSTITUTE AND LIBRARY, by Giok Po Oey. 1953. 73 pages.

Number 9 VERB CONSTRUCTIONS IN VIETNAMESE, by William W. Gage and H. Merrill Jackson. 1953; reissued 1956. 14 pages.

Number 10 AN ACCOUNT OF THE JAPANESE OCCUPATION OF BANJUMAS RESIDENCY, JAVA, MARCH 1942 TO AUGUST 1945, by S. M. Gandasurbrata, Resident of Banjumas. 1953. 21 pages.

Number 11 ACCOUNT MADE OF A TRIP TO THE COUNTRIES OF SOUTHEAST ASIA FOR THE LIBRARY OF CONGRESS, 1952-1953, by Cecil Hobbs. 1953. 89 pages.

Number 12 POLITICAL INSTITUTIONS OF OLD BURMA, by John F. Cady. 1954. 6 pages.

Number 13 TADAGALE: A BURMESE VILLAGE IN 1950, by Charles S. Brant. 1954. 41 pages.

Number 14 THE VIET MINH REGIME: GOVERNMENT AND ADMINISTRATION IN THE DEMOCRATIC REPUBLIC OF VIETNAM, by Bernhard B. Fall. 1954; revised, enlarged edition 1956. 143 pages.

Number 15 SELECTED ECONOMIC DEVELOPMENT PROJECTS IN BURMA AND INDONESIA -- NOTES AND COMMENTS, by Charles Wolf, Jr. 1954. 11 pages.

Number 16 SOME OBSERVATIONS CONCERNING THE ROLE OF ISLAM IN NATIONAL AND INTERNATIONAL AFFAIRS, by Mohammad Natsir. 1954. 25 pages.

Number 17 MALAYA: A STUDY OF GOVERNMENTAL RESPONSES TO THE KOREAN BOOM, by John Paul Meek. 1955. 32 pages.

Number 19 THE PHILIPPINES: A STUDY OF CURRENT SOCIAL, ECONOMIC AND POLITICAL CONDITIONS, by Gerald D. Berreman. 1956. 55 pages.

Number 20 BIBLIOGRAPHY OF THAILAND, A Selected List of Books and Articles with Annotations by the Staff of the Cornell Thailand Research Project, by Lauriston Sharp, Frank J. Moore, Walter F. Vella and Associates. 1956. (Reissued 1957, without corrections or additions) 64 pages.

Cornell University Southeast Asia Program

OUT OF PRINT (Cont'd)

Number 21   THE STATUS OF RURAL LIFE IN THE DUMAGUETE CITY TRADE AREA PHILIPPINES, 1952, by Robert A. Polson and Agaton P. Pal. 1956. 108 pages.

Number 22   ASPECTS OF HEALTH, SANITATION AND NUTRITIONAL STATUS IN A SIAMESE RICE VILLAGE: STUDIES IN BANG CHAN, 1952-1954, by Hazel M. Hauck and Associates. 1955. Cornell Thailand Project, Interim Reports Series: Number Two. 73 pages.

Number 23   THE REVISED UNITED STATES-PHILIPPINE TRADE AGREEMENT OF 1955, by Frank H. Golay. 1956. 61 pages.

Number 24   COURSES RELATED TO SOUTHEAST ASIA IN AMERICAN COLLEGES AND UNIVERSITIES, 1955-1956, by Barbara S. Dohrenwend. 1957. 30 pages.

Number 26   THE ROLE AND IMPORTANCE OF PHILIPPINE INTER-ISLAND SHIPPING AND TRADE, by Frederick L. Wenstedt. 1957. 132 pages.

Number 27   ON THE WAYANG KULIT (PURWA) AND ITS SYMBOLIC AND MYSTIC ELEMENTS. (Translated from the Dutch by Claire Holt). 1957. 37 pages.

Number 28   FIVE PAPERS ON THAI CUSTOM, by Phya Anuman Rajadhon. 1958. 19 pages.

Number 29   FOOD HABITS AND NUTRIENT INTAKES IN A SIAMESE RICE VILLAGE: STUDIES IN BANG CHAN, 1952-1954, by Hazel M. Hauck, Saovanee Sudsaneh, Jane R. Hanks and Associates. 1958. Cornell Thailand Project, Interim Reports Series: Number Four. 129 pages.

Number 31   A BIBLIOGRAPHY OF INDONESIAN GOVERNMENT DOCUMENTS AND SELECTED INDONESIAN WRITINGS ON GOVERNMENT IN THE CORNELL UNIVERSITY LIBRARY, by Daniel S. Lev. 1958. 58 pages.

Number 32   RANTJAK DILABUEH: A MINANGKABAU KABA, A Specimen of the Traditional Literature of Central Sumatra. (Edited, translated and with an introduction by Anthony H. Johns). 1958. 152 pages.

Number 33   BIBLIOGRAPHY OF INDONESIAN PUBLICATIONS: Newspapers, Non-Government Periodicals and Bulletins, 1945-1958, at the Cornell University Library, by Benedict R. O'G. Anderson. 1959. 69 pages.

Number 34   BIBLIOGRAPHY OF SOVIET PUBLICATIONS ON SOUTHEAST ASIA, As Listed in the Library of Congress Monthly Index of Russian Acquisitions, by Ruth T. McVey. 1959. 109 pages.

Number 35   THE PHILIPPINE FEDERATION OF FREE FARMERS, A Case Study in Mass Agrarian Organizations, by Sonya D. Cater. 1959. 147 pages.

Cornell University Southeast Asia Program

OUT OF PRINT (Cont'd)

Number 36　INDONESIANISAI: POLITICS IN A CHANGING ECONOMY, 1940-1955, by John O. Sutter. 1959. Four Volumes. 1,312 pages.

Number 37　AMERICAN DOCTORAL DISSERTATIONS ON ASIA, 1933-1958, Including Appendix of Master's Theses at Cornell University, by Curtis Stucki. 1959. 131 pages.

Number 38　TWO PAPERS ON PHILIPPINE FOREIGN POLICY. The Philippines and the Southeast Asia Treaty Organization, by Roger M. Smith; The Record of the Philippines in the United Nations, by Mary F. Somers. 1959. 79 pages.

Number 39　MATERNAL AND CHILD HEALTH IN A SIAMESE RICE VILLAGE: NUTRITIONAL ASPECTS, Studies in Bang Chan, 1952-1954, by Hazel M. Hauck, Cornell Thailand Project, Interim Reports Series: Number Five. 1959. 70 pages.

Number 40　SOUTHEAST ASIA PUBLICATIONS SOURCES: AN ACCOUNT OF A FIELD TRIP, 1958-1959, by Cecil Hobbs. 1960. 145 pages.

Number 42　THE JAPANESE OCCUPATION OF THE PHILIPPINES, LEYTE, 1941-1945, by Elmer Lear. 1961. 246 pages.

Number 43　TRENDS AND STRUCTURE IN CONTEMPORARY THAI POETRY, by James N. Mosel. 1961. 53 pages.

Number 45　OVERSEAS CHINESE IN SOUTHEAST ASIA -- A RUSSIAN STUDY, by N.A. Simoniya. 1961. 151 pages.

Number 50　AMERICAN DOCTORAL DISSERTATIONS ON ASIA, 1933-1962 INCLUDING APPENDIX OF MASTER'S THESES AT CORNELL UNIVERSITY, by Curtis W. Stucki. 1963. 204 pages.

Number 52　DRY RICE AGRICULTURE IN NORTHERN THAILAND, by Laurence Cecil Judd, Cornell Thailand Project, Interim Reports Series: Number Seven. 1964. 95 pages.

Number 58　ETHNOGRAPHIC NOTES ON NORTHERN THAILAND, edited by J. R. Hanks, L. H. Hanks, and L. Sharp, Cornell Thailand Project, Interim Reports Series: Number Nine. 1965. 126 pages.

Number 59　THE NAN CHRONICLE, translated by Prasoet Churatana, edited by David K. Wyatt. 1966. 78 pages.

Number 66　THAI STUDENTS IN THE UNITED STATES: A STUDY IN ATTITUDE CHANGE, by Jean Barry, S.J., Cornell Thailand Project Interim Reports Series: Number Eleven. August 1967. 160 pages.

CORNELL MODERN INDONESIA PROJECT

IN PRINT

III. CORNELL MODERN INDONESIA PROJECT PAPERS -- 102 West Avenue, Cornell University, Ithaca, New York 14850.

INDONESIA, a semi-annual journal, devoted to Indonesia's culture, history, and social and political problems:

Vol. I, April 1966, $3.00; Vol. II, October 1966, $3.00; $5.00 both. (Vol. I contained a special 70 page supplement of documents on the October 1, 1965 affair.)

Vol. III, April 1967, $3.50; Vol. IV, October 1967, $3.50; $6.00 both.

Vol. V, April 1968, $3.50; Vol. VI, October 1968, $3.50; $6.00 both.

Vol. VII, April 1969, $4.00; Vol. VIII, October 1969, $4.00; $7.00 both.

Vol. IX, April 1970, $4.50; Vol. X, October 1970, $4.50; $8.00 both.

Bibliographic Series

PRELIMINARY CHECKLIST OF INDONESIAN IMPRINTS (1945-1949). John M. Echols. 1965. 186 pages. $3.50.

Interim Reports Series

THE SOVIET VIEW OF THE INDONESIAN REVOLUTION, by Ruth T. McVey, 1957. Second Printing 1962. 90 pages. $2.50.

THE DYNAMICS OF THE WESTERN NEW GUINEA (IRIAN BARAT) PROBLEM, by Robert C. Bone, Jr. 1958; Second Printing 1962. 182 pages. $3.00.

PERANAKAN CHINESE POLITICS IN INDONESIA, by Mary F. Somers. 1964. 62 pages. $2.00.

REPUBLIC OF INDONESIA CABINETS, 1945-1965 (With Post-Coup Supplement), compiled by Susan Finch and Daniel S. Lev. 1965. 66 pages. $2.00.

INDONESIA ABANDONS CONFRONTATION, by Franklin B. Weinstein. 1969. 94 pages. $3.00.

Monograph Series

THE DYNAMICS OF COMMUNITY DEVELOPMENT IN RURAL CENTRAL AND WEST JAVA: A COMPARATIVE REPORT, by Selo Soemardjan. 1963. 40 pages. $2.00.

MYTHOLOGY AND THE TOLERANCE OF THE JAVANESE, by Benedict R. O'G. Anderson. 1965. 77 pages. $3.50.

THE TRANSITION TO GUIDED DEMOCRACY: INDONESIAN POLITICS 1957-1959, by Daniel S. Lev. 1966. 298 pages. $3.50.

PROBLEMS OF THE INDONESIAN INFLATION, by J.A.C. Mackie. February 1967. 101 pages. $2.00.

Cornell Modern Indonesia Project

IN PRINT (Cont'd)

PERSATUAN ISLAM: Islamic Reform in 20th Century Indonesia, by Howard Federspiel. 1970. 250 pages. $7.50.

Translation Series

OUR STRUGGLE, by Sutan Sjahrir (translated by Benedict R. O'G. Anderson). 1968. 37 pages. $2.00.

THE COMMUNIST UPRISINGS OF 1926-1927 IN INDONESIA: Key Documents. Edited and with an introduction by Harry J. Benda and Ruth T. McVey. 1969 (second printing). 177 pages. $5.50.

NATIONALISM, ISLAM AND MARXISM. Soekarno. Translated by Karel W. Warouw and Peter D. Weldon. With an introduction by Ruth T. McVey. 1970. 62 pages. $3.00.

THE ORIGINS OF THE MODERN CHINESE MOVEMENT IN INDONESIA, by Kwee Tek Hoay. Translated and edited by Lea E. Williams. 1969. 64 pages. $3.00.

OUT OF PRINT

Bibliography Series

PRELIMINARY CHECKLIST OF INDONESIAN IMPRINTS DURING THE JAPANESE PERIOD (MARCH 1942-AUGUST 1945), by John M. Echols. 1963. 62 pages.

A GUIDE TO INDONESIAN PERIODICALS, 1945-1965, IN THE CORNELL UNIVERSITY LIBRARY, compiled by Yvonne Thung and John M. Echols. November 1966. 151 pages.

Interim Reports Series

THE NATIONAL STATUS OF THE CHINESE IN INDONESIA, by Donald E. Willmott. 1956. 88 pages.

DECENTRALIZATION IN INDONESIA: LEGISLATIVE ASPECTS, by Gerald S. Maryanov. 1957. 75 pages.

THE INDONESIAN ELECTIONS OF 1955, by Herbert Feith. 1957. 91 pages.

SOME FACTORS RELATED TO AUTONOMY AND DEPENDENCE IN TWELVE JAVANESE VILLAGES, by Barbara S. Dohrenwend. 1957. 70 pages.

PROBLEMS OF REGIONAL AUTONOMY IN CONTEMPORARY INDONESIA, by John D. Legge. 1957. 71 pages.

DECENTRALIZATION IN INDONESIA AS A POLITICAL PROBLEM, by Gerald S. Maryanov. 1958. 118 pages.

THE CALCUTTA CONFERENCE AND THE SOUTHEAST ASIA UPRISINGS, by Ruth T. McVey. 1958. 28 pages.

Cornell Modern Indonesia Project

OUT OF PRINT (Cont'd)

SOME ASPECTS OF INDONESIAN POLITICS UNDER THE JAPANESE OCCUPATION: 1944-1945, by Benedict R. O'G. Anderson. 1961. 136 pages.

AMERICAN REACTIONS TO INDONESIA'S ROLE IN THE BELGRADE CONFERENCE, by Frederick P. Bunnell. 1964. 86 pages.

Monograph Series

THE BEGINNINGS OF THE INDONESIAN-DUTCH NEGOTIATIONS AND THE HOGE VELUWE TALKS, by Idrus N. Djajadiningrat. 1958. 128 pages.

THE WILOPO CABINET, 1952-53: A TURNING POINT IN POST-REVOLUTIONARY INDONESIA, by Herbert Feith, 1958. 212 pages.

THE POLITICAL CHARACTER OF THE INDONESIAN TRADE UNION MOVEMENT, by Iskandar Tedjasukmana. 1959. 130 pages.

THE GOVERNMENT, ECONOMY AND TAXES OF A CENTRAL JAVANESE VILLAGE, by Widjojo Nitisastro and J. E. Ismael. (Translated by Norbert Ward). 1959. 37 pages.

SOME SOCIAL-ANTHROPOLOGICAL OBSERVATIONS ON GOTONG ROJONG PRACTICES IN TWO VILLAGES OF CENTRAL JAVA, by Koentjaraningrat. (Translated by Claire Holt). 1961. 76 pages.

THE NATIONAL STATUS OF THE CHINESE IN INDONESIA: 1900-1958, by Donald E. Willmott. Revised Edition, 1961. 152 pages.

ASPECTS OF LOCAL GOVERNMENT IN A SUMBAWAN VILLAGE (EASTERN INDONESIA), by Peter R. Goethals. 1961. 156 pages.

THE CHINESE OF SUKABUMI: A STUDY IN SOCIAL AND CULTURAL ACCOMMODATION, by Giok-Lan Tan. 1963. 314 pages.

BANDUNG IN THE EARLY REVOLUTION, 1945-1946: A SURVEY IN THE SOCIAL HISTORY OF THE INDONESIAN REVOLUTION, by John R. W. Smail. 1964. 169 pages.

STATE AND STATECRAFT IN OLD JAVA: A STUDY OF THE LATER MATARAM PERIOD, 16th TO 19th CENTURY, by Soemarsaid Moertono. 1968. 174 pages.

Translation Series

INDONESIAN WRITING IN TRANSLATION, COMPILED AND EDITED, and with an introduction by John M. Echols. 1956. 178 pages.

LIVING CONDITIONS OF PLANTATION WORKERS AND PEASANTS ON JAVA IN 1939-1940, by the Coolie Budget Commission. (Translated by Robert Van Niel). 1956. 131 pages.

STRUCTURAL CHANGES IN JAVANESE SOCIETY: THE SUPRA-VILLAGE SPHERE, by D. H. Burger. (Translated by Leslie H. Palmier). 1956. 38 pages.

Cornell Modern Indonesia Project

OUT OF PRINT (Cont'd)

STRUCTURAL CHANGES IN JAVANESE SOCIETY: THE VILLAGE SPHERE, by D. H. Burger. (Translated by Leslie H. Palmier. 1957. 17 pages.

THE OFFICE OF PRESIDENT IN INDONESIA AS DEFINED IN THE THREE CONSTITUTIONS IN THEORY AND PRACTICE, by A. K. Pringgodigdo. (Translated by Alexander Brotherton). 1957. 59 pages.

ECONOMIC DEVELOPMENT AS A CULTURAL PROBLEM (Konfrontasi, September-October 1954), by Soedjatmoko. 1958; second printing 1962. 28 pages.

THE SOCIO-ECONOMIC BASIS OF THE INDONESIAN STATE: ON THE INTERPRETATION OF PARAGRAPH I, ARTICLE 38, OF THE PROVISIONAL CONSTITUTION, by Wilopo and Widjojo Nitisastro. (Translated by Alexander Brotherton). 1959. 17 pages.

PAST AND FUTURE, by Mohammad Hatta. 1960. 17 pages.

MARHAEN AND PROLETARIAN, by Soekarno. (Translated by Claire Holt). 1960. 30 pages.

AN APPROACH TO INDONESIAN HISTORY: TOWARDS AN OPEN FUTURE, by Soejatmoko. 1960. 22 pages.

THE PROVISIONAL CONSTITUTION OF THE REPUBLIC OF INDONESIA, by Prof. Dr. R. Supomo. (Translated by Garth N. Jones). 1964. 104 pages.

	DATE DUE		

30 505 JOSTEN'S